essentials

essentials liefern aktuelles Wissen in konzentrierter Form. Die Essenz dessen, worauf es als „State-of-the-Art" in der gegenwärtigen Fachdiskussion oder in der Praxis ankommt. *essentials* informieren schnell, unkompliziert und verständlich

- als Einführung in ein aktuelles Thema aus Ihrem Fachgebiet
- als Einstieg in ein für Sie noch unbekanntes Themenfeld
- als Einblick, um zum Thema mitreden zu können

Die Bücher in elektronischer und gedruckter Form bringen das Expertenwissen von Springer-Fachautoren kompakt zur Darstellung. Sie sind besonders für die Nutzung als eBook auf Tablet-PCs, eBook-Readern und Smartphones geeignet. *essentials:* Wissensbausteine aus den Wirtschafts-, Sozial- und Geisteswissenschaften, aus Technik und Naturwissenschaften sowie aus Medizin, Psychologie und Gesundheitsberufen. Von renommierten Autoren aller Springer-Verlagsmarken.

Weitere Bände in der Reihe http://www.springer.com/series/13088

Controlling-Konzeptionen

Ein schneller Einstieg in Theorie und Praxis

2. Auflage

Boris Hubert
Duale Hochschule Baden-Württemberg
Bad Mergentheim, Deutschland

ISSN 2197-6708 ISSN 2197-6716 (electronic)
essentials
ISBN 978-3-658-22896-5 ISBN 978-3-658-22897-2 (eBook)
https://doi.org/10.1007/978-3-658-22897-2

Die Deutsche Nationalbibliothek verzeichnet diese Publikation in der Deutschen Nationalbibliografie; detaillierte bibliografische Daten sind im Internet über http://dnb.d-nb.de abrufbar.

Springer Gabler

Springer Gabler ist ein Imprint der eingetragenen Gesellschaft Springer Fachmedien Wiesbaden GmbH und ist ein Teil von Springer Nature
Die Anschrift der Gesellschaft ist: Abraham-Lincoln-Str. 46, 65189 Wiesbaden, Germany

Was Sie in diesem *essential* finden können

- Überblick über 4 unterschiedliche Controlling-Konzeptionen namhafter Autoren
- organisatorische Varianten zur Implementierung einer Controlling-Abteilung im Unternehmen und im Konzern
- Zusammenhang zwischen Controlling und dem internen sowie dem externen Rechnungswesen
- Bedeutung der IT-Unterstützung z. B. in Form von ERP für das Controlling-Berichtswesen
- struktureller Aufbau von ERP-Lösungen

Aus Gründen der Lesbarkeit werden im vorliegenden Werk vorwiegend geschlechtsneutrale Bezeichnungen wie „Controller" verwendet. Hiermit wird um Verständnis gebeten.

Inhaltsverzeichnis

Abkürzungsverzeichnis

bzw.	beziehungsweise
CO	Controlling
d. h.	das heißt
ERP	Enterprise Ressource Planning; Anglizismus für computergestützte Warenwirtschaftssysteme wie SAP o. ä.
et al.	et alii/aliae (lat.) und andere
FEI	Financial Executives Institute
Ff	fortfolgende
FiBu	Finanzbuchhaltung
ggf.	gegebenenfalls
GoB	Grundsätze ordnungsmäßiger Buchführung
HGB	Handelsgesetzbuch
i. d. R.	in der Regel
int.	Intern/internes
i. V. m.	in Verbindung mit
o. ä.	oder ähnliches
o. g.	oben genannt
u. a.	unter anderem
S.	Seite
s. o.	siehe oben
u. U.	unter Umständen
Vgl.	Vergleiche
z. B.	zum Beispiel

Historische Entwicklung des Controllings

1

1.1 Begriffliche Erläuterungen

Die Ökonomie ist keine exakte Wissenschaft – ihre Teildisziplin, das Controlling, ebenfalls nicht und insofern verwundet es nicht, dass für eben diese Teildisziplin bis zum heutigen Tag keine umfassende und allgemein anerkannte Definition existiert. Die kaufmännischen bzw. administrativen Tätigkeiten, die heute mit dem Begriff des Controllings assoziiert werden, lassen sich literarisch bis in das 15. Jahrhundert zurückverfolgen. Zu dieser Zeit lagen sie in der Aufzeichnung ein- und ausgehender Gelder am englischen Königshof. Im 19. Jahrhundert wurde die Leitung der staatlichen Bankenaufsicht in den USA erstmalig mit dem Begriff „Controlling" bezeichnet (Weber und Schäffer 2016, S. 3). Das ursprüngliche „Controller's Institute of America", welches sich 1962 in „Financial Executives Institute" umbenannte, veröffentlichte 1931 erstmalig einen Katalog von Aufgaben, die durch Mitarbeiter und Mitarbeiterinnen einer Abteilung, die heute unter dem Begriff „Controlling" zusammengefasst ist, zu übernehmen sind (Weißenberger 2002, S. 389). Hierzu gehören

- Planung,
- Berichterstattung,
- Beratung,
- Steuerung
- Vermögenssicherung.

Die o. g. Begriffe wirken zunächst recht abstrakt. **Planung** erfolgt in Unternehmen beispielsweise hinsichtlich organisatorischer Strukturen, Budgets, Kosten und Leistungen sowie der Erlöse. Die **Berichterstattung** stellt nach wie vor

© Springer Fachmedien Wiesbaden GmbH, ein Teil von Springer Nature 2018
B. Hubert, *Controlling-Konzeptionen*, essentials,
https://doi.org/10.1007/978-3-658-22897-2_1

den größten Teil der Controlling Tätigkeit dar und wird aktuell mit dem Anglizismus des **Reporting** umschrieben. Eine Controlling Abteilung erstellt in vielen (Groß-)Unternehmen ein regelmäßiges Berichtswesen, in dem Kosten und Leistungen dargestellt bzw. gegenübergestellt sind und das der Geschäftsführung als Entscheidungsvorbereitung dient. Der diesbezügliche Anglizismus lautet **Operations Research.** Die Entscheidungsvorbereitung lässt sich mit den Begriffen der **Beratung** und **Steuerung** korrelieren, die grundsätzlich jedoch weit gefasst sind. In der Regel fragt eine Geschäftsleitung Informationen beim Controlling ab; die Mitarbeiter gehen selten aus eigenem Antrieb auf die Unternehmensführung zu. Die Bereitstellung von Informationen jedoch, kann durchaus als eine Beratung verstanden werden, auch wenn die Steuerung durch die Geschäftsführung selbst vorgenommen wird und das Controlling an dieser Stelle lediglich Zuarbeit leistet. Beratungs- und Steuerungstätigkeiten dienen der langfristigen Sicherung des Unternehmensfortbestands (Meierbeck, Strategisches Risikomanagement der Beschaffung 2010, S. 56), worin auch die Hauptaufgabe des strategischen Managements liegt die sich wiederum mit Ziel der meisten deutschen Unternehmensinhaber deckt. Die seitens des FEI formulierte Aufgabe der **Vermögenssicherung**, drückt – ungeachtet des bilanz-/finanzbuchhalterischen Klangs dieses Begriffs – jedoch nichts anderes aus. Solange die Werte der Verbindlichkeiten die Bestände der Vermögensgegenstände nicht übersteigen und das Eigenkapital durch eine umgekehrt eintretende Situation nicht aufgezehrt ist, steht dem Fortbestand des Unternehmens – zumindest in monetärer Hinsicht – nichts im Wege.

Die Tätigkeit des Controllings wird literarisch selten mit **Kontrolle** gleichgesetzt. Als Instrument wird jedoch häufig die Durchführung von **Soll-/ Ist-Vergleichen** erwähnt, worin ein Widerspruch liegt. Sobald ein Vergleich von geplanten- mit Ist-Daten/-Situationen durchgeführt wird, praktizieren Mitarbeiterinnen und Mitarbeiter Kontrolle – ungeachtet der Tatsache, welcher Abteilung sie angehören.

1.2 Entwicklung des Controllings in Deutschland

Die **Entwicklung** von Controlling Tätigkeiten in **Deutschland** begann in der späten 70er Jahren. Horváth gehörte zu den ersten, die sich mit dieser Thematik in wissenschaftlicher Hinsicht beschäftigen; die Erstauflage seines Lehrbuchs „Controlling" erschien 1979. Im Laufe der Zeit kristallisierten sich Kernaufgaben

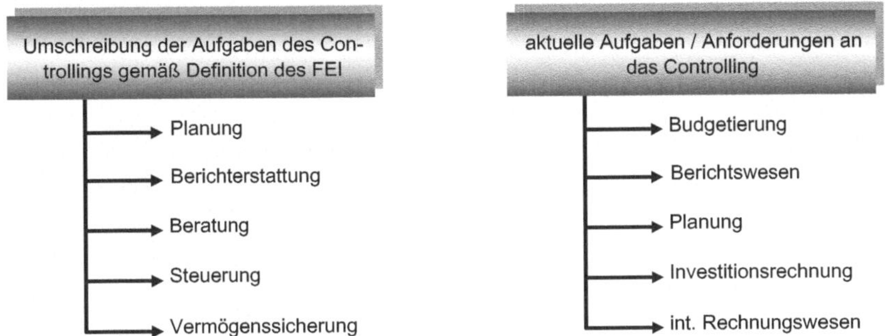

Abb. 1.1 Entwicklung der Controllingaufgaben

des Controllings heraus (s. Abb. 1.1); Ossadnik nennt als **Schwerpunkte** in der Reihenfolge ihrer Relevanz

1. Budgetierung,
2. internes Berichtswesen,
3. operative Planung,
4. Investitionsrechnung und
5. internes Rechnungswesen (Ossadnik 2009, S. 11).

Hieraus lässt sich als Teil des Umfangs eines **Reportings** (Berichtswesens) die Erstellung von

- Kostenauswertungen,
- Erlösauswertungen,
- Investitionsrechnungen sowie
- Produkt-/Leistungsdeckungsbeitragsrechnungen.

ableiten.

Die Entwicklung des Controllings als **akademische Disziplin** begann in den 80er Jahren. Hier erfolgte die Gründung erster Lehrstühle in dieser Hinsicht an Hochschulen, die im Fachhochschulbereich jedoch zunächst noch häufig unter der Bezeichnung „Unternehmensplanung und -kontrolle" geführt wurden. Die Bezeichnungsumstellung der meist als Schwerpunkt in betriebswirtschaftlichen Studiengängen angebotenen Thematik erfolgte erst in den 90er Jahren. Die zunehmende Akademisierung und Etablierung der Wissenschaft als anerkannter Beruf, der bei der Bundesagentur für Arbeit bis 2011 mit der Kennziffer

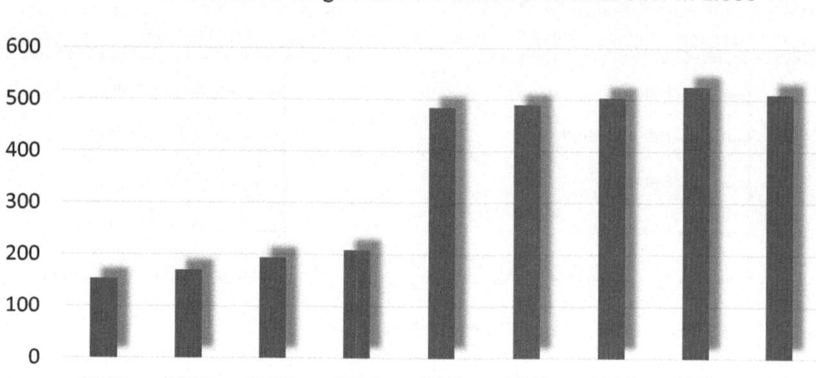

Abb. 1.2 In Deutschland tätige Controllerinnen und Controller[2]

756 sowie seit 2012 mit der Kennziffer 722 codiert ist[1], haben die Nachfrage an Arbeitskräften, die sich mit dem Reporting zur Entscheidungsvorbereitung sowie der Planung und Kontrolle beschäftigen in den vergangenen Jahren ansteigen lassen. Die Anzahl der in Deutschland tätigen Controllerinnen und Controller hat sich in den Jahren von 2001 bis 2011 mehr als verdreifacht[3].

Die Gesamtzahl der in Deutschland tätigen Controllerinnen und Controller ist in Abb. 1.2 erkennbar; auffällig ist hier der sprungfixe Anstieg zwischen den Jahren 2011 und 2012. Seitens der der Bundesagentur für Arbeit wurden die gelisteten Berufsbezeichnungen grundlegend verändert. Tätigkeiten wie „Kostenrechnung" oder „Kalkulation" wurden dem Berufsbild des Controllers zugerechnet und „würdigte" auf diese Weise die in derartigen Unternehmensbereichen tätigen Männer und Frauen. Zwar lassen sich die Daten von 2001 bis 2011 mit den für die Jahre 2012 bis 2016 vorliegenden nicht mehr vergleichen, doch macht die **Steigerung** der **geschaffenen** und besetzten **Stellen** von **Controllerinnen** und **Controllern** sowie die gesonderte Erfassung der Bundesagentur für

---

[1]Vgl. Statistisches Bundesamt: Klassifikation der Berufsgruppen 1992 (KldB 92).

[2]Vgl. Statistisches Bundesamt: Erwerbstätige nach Berufsgruppen, Wiesbaden 2012–2015

[3]Vgl. Statistisches Bundesamt: Berufsdaten der Bevölkerung, Wiesbaden 2014.

Arbeit deutlich, welchen **Stellenwert** diese Tätigkeit inzwischen in Unternehmen einnimmt.

Ein weiterer, diesbezüglicher **Indikator** ist die Tatsache, dass Controlling längst **nicht** mehr als **zentrale, interdisziplinäre** Planungs- und Kontrollinstanz in Unternehmen implementiert ist (s. Abb. 1.3). Viele Abteilungen beschäftigen Controllerinnen und Controller mit Spezialkenntnissen des jeweiligen Gebietes, die Planungs-, Steuerungs- und Kontrollaufgaben wahrnehmen, die **ausschließlich** auf den jeweiligen **Unternehmensbereich bezogen** sind. Beispielhalt sollen an dieser Stelle

- Personalcontrolling,
- Vertriebs-/Marketingcontrolling,
- Produktionscontrolling,
- Projektcontrolling,
- Beschaffungscontrolling oder auch das
- Medizin-Controlling (Krankenhäusern)

genannt sein (Reichmann 2011, S. 197 ff.).

Zusammenfassend lässt sich feststellen, dass ungeachtet der langen Zeitspanne zwischen der erstmaligen Formulierung von Controllingaufgaben durch das FEI

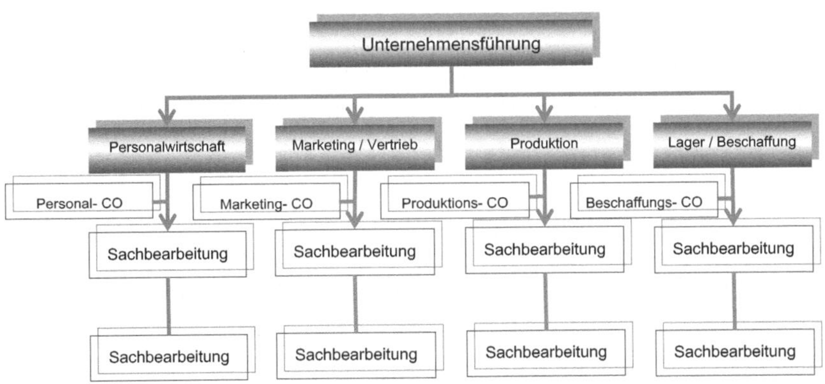

Abb. 1.3 Controlling-Stabsstellen in der funktionsablauforientierten Unternehmensorganisation

und den in aktuellen Schriften formulierten Controllingaufgaben nur **geringe Unterschiede** bestehen. Durch das Controlling soll die

- **Steuerung**
  - z. B. eines Unternehmens oder einer Abteilung,
- die **Beeinflussung**
  - z. B. von Unternehmensprozessen zur Vermeidung von Abweichungen der Planung und
- das „**unter Kontrolle halten**"
  - z. B. von einer negativen Kostenentwicklung

verstanden werden (Ziegenbein 2012, S. 32–35).

Alle Formulierungen, ob jung oder alt, fokussieren sich auf die **Aufrechterhaltung** der „**finanziellen Gesundheit**" eines Unternehmens oder eines Konzerns und die langfristige Sicherung seines Fortbestands. Dies soll mittels der **Identifikation** von **Abweichungen** sowie hieraus resultierenden **Handlungsempfehlungen** an das Management geschehen, das durch den Einsatz geeigneter Steuerungsmaßnahmen dafür Sorge tragen kann, dass sich das Unternehmen in monetärer Hinsicht wieder stabilisiert.

Controlling Konzeptionen 2

Als eine **Controlling-Konzeption** wird eine klar umrissene **Grundvorstellung** bezeichnet, die theoretisch fundiert und in der Praxis bewährt ist (Ossadnik 2009, S. 13). Anders ausgedrückt bedeutet dies, dass die literarischen Konzeptionen des Controllings zusammenzufassen versuchen, aus welchem Grund die hierzu gehörenden Tätigkeiten praktiziert werden und welcher Nutzen für Unternehmen und Konzerne hieraus resultiert.

Verschiedene Autoren korrelieren mit dem Controlling den Anspruch der Koordination im Rahmen der Unternehmensführung. Die Führung von Unternehmen dient der Erreichung von Zielen und Controllingabteilungen sowie diesbezügliche -aktionen sind überall dort anzutreffen, wo Ziele zu erreichen sind und die zur Erreichung erforderlichen Prozesse geprüft und beeinflusst bzw. gesteuert werden müssen (Weber und Schäffer 2014, S. 33). Zur Umsetzung von seitens der Unternehmensleitung festgesetzten Zielen benötigen Mitarbeiterinnen und Mitarbeiter Informationen, um zielführende Tätigkeiten ausüben zu können. Aus dieser Notwendigkeit resultiert die dem Controlling literarisch vielfach zugedachte (Haupt-)Aufgabe der **Koordination** von Informationen und Methoden zum Zwecke der **Entscheidungsvorbereitung** zur Erreichung von Unternehmenszielen. Diese Anforderungen machen das Controlling zu einer Management-Konzeption; oder anders ausgedrückt: zu einer **unabhängigen Institution,** welche die Unternehmensleitung – insbesondere bei der Führung – unterstützt. Wenn die Führung von Unternehmen

- anhand von **Informationen** erfolgt,
- dargestellt in Form von **Kennzahlen** und/oder ausführlichen **Berichten,**

© Springer Fachmedien Wiesbaden GmbH, ein Teil von Springer Nature 2018
B. Hubert, *Controlling-Konzeptionen*, essentials,
https://doi.org/10.1007/978-3-658-22897-2_2

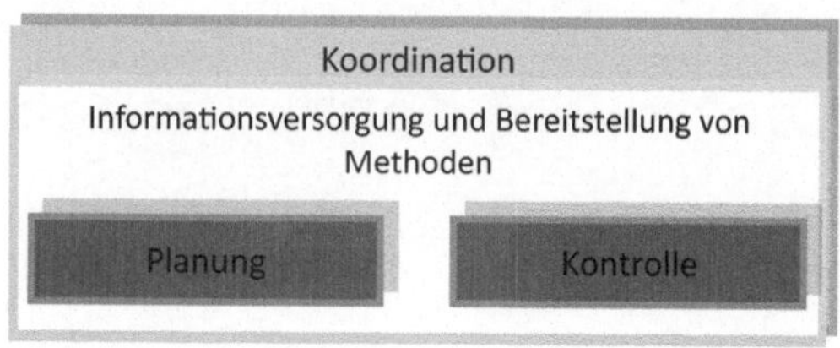

Abb. 2.1 Bestandteile der Koordinationsfunktion des Controllings. (Ziegenbein 2012, S. 32–35)

- die **losgelöst** von Regelungen des **Handels-** und/oder **Steuerrecht**s erstellt und aufgearbeitet werden,
- um der Unternehmensleitung als Entscheidungsvorlage (operations research) zu dienen,

dann geht mit diesen Anforderungen auch der Anspruch einher, die Aktivitäten aller Beteiligten durch Planung und Kontrolle zielorientiert zu **koordinieren** (s. Abb. 2.1).

In der Literatur findet sich seit vielen Jahren eine große Anzahl unterschiedlicher Konzeptionen zum Thema Controlling. An dieser Stelle soll lediglich eine kleine Auswahl betrachtet werden, um unterschiedliche Sichtweisen und Erwartungen zu verdeutlichen, den praktischen Bezug hierbei jedoch nicht zu vernachlässigen (s. Abb. 2.2). Darüber hinaus werden Gemeinsamkeiten der Konzeptionen verschiedener Autoren verdeutlicht, um klarzustellen, dass trotz

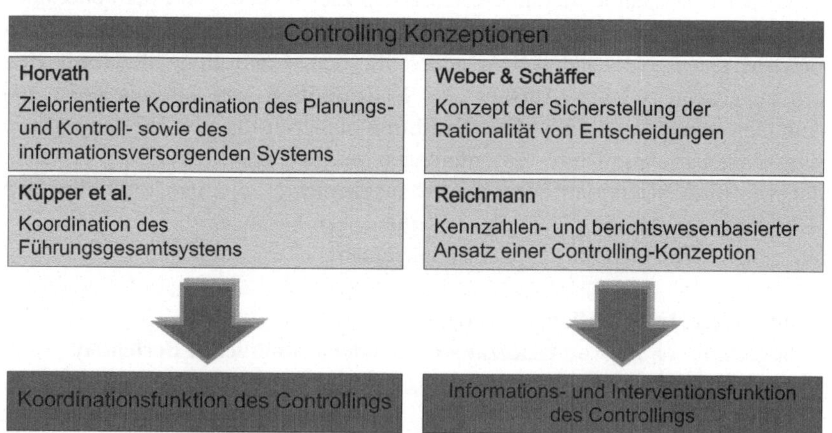

Abb. 2.2 Ausgewählte Controlling Konzeptionen. (Horváth et al. 2015, S. 60)

unterschiedlicher Formulierungen der Grundintention das Ziel – Transparenz und Information zur Sicherung des Unternehmensfortbestands – identisch ist. Konkret betrachtet werden

- die zielorientierte **Koordination** des **Planungs-** und **Kontroll-** sowie des **informationsversorgenden Systems** nach **Horváth,**
- die **Koordination** des **Führungsgesamtsystems** nach **Küpper** et al.,
- das Konzept der **Rationalitätssicherung** nach **Weber** und **Schäffer** sowie
- der **kennzahlenbasierte** Ansatz nach **Reichmann.**

2.1   Zielorientierte Koordination des Planungs- und Kontroll- sowie des Informationsversorgenden Systems

Gemäß der Ansicht von **Horváth** ist das **Führungssystem** eines Unternehmens in das **Planungs-** und **Kontrollsystem** sowie das **Informationsversorgungs-system** zu unterteilen (Horváth et al. 2015, S. 56). Bezogen auf eine funktions-ablauforientierte Organisationsstruktur von Unternehmen kann gemäß dieser Umschreibung das Controlling als Bestandteil der Führung angesehen werden, das lediglich Informationsbeschaffung und -verarbeitung zur Entscheidungsvor-bereitung (operations research) betreibt. Es trifft **keine** unternehmenspolitisch relevanten **Entscheidungen,** sondern **koordiniert** diese **lediglich** zwischen der Beteiligten und **stimmt** sie untereinander **ab.** Unterschieden wird in die-sem Zusammenhang ferner die **systembildende** Koordination mit dem Ziel der Bildung aufeinander abgestimmter Systeme sowie die **systemkoppelnde** Koordination, welche die in einem Systemgefüge ablaufenden Prozesse mit-einander koppelt und für eine Abstimmung Sorge tragen muss (Horváth et al. 2015, S. 46). Die Tätigkeiten geschehen mit dem Ziel, stets das **Rationalitäts-prinzip** bei der Entscheidungsfindung zu berücksichtigen. Die seitens des Control-ling aufbereiteten Informationen erhalten – je nach organisatorischer Einbindung der Abteilung in die Unternehmensstruktur – neben der Unternehmensleitung sowohl die Beteiligten der Führungssubsysteme als auch die Mitarbeiterinnen und Mitarbeiter der Leistungsebenen; Vgl. hierzu Abb. 2.3.

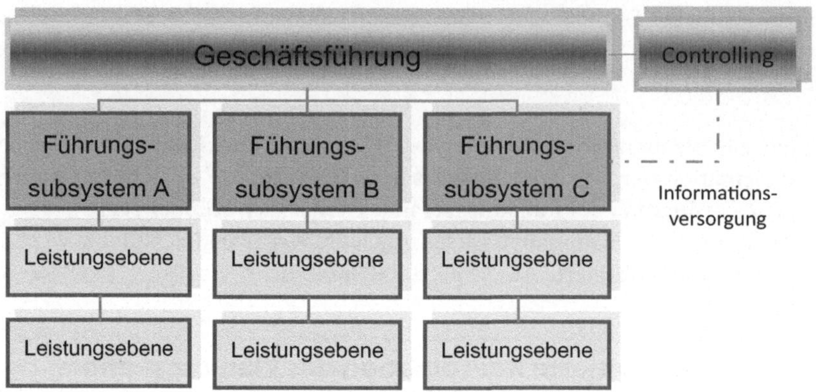

Abb. 2.3 Einbindung des Controllings in die funktionsablauforientierte Organisations-struktur gemäß Controlling-Konzept nach Horváth

---

Beispiel

Ein international operierender Stahlhandelskonzern mit Sitz in Deutschland plant die Errichtung eines neuen Standortes im Bundesgebiet. Die Arbeitsgruppe, die sich mit der Thematik auseinandersetzt benötigt Informationen bezüglich

- der geografischen Lage,
  - damit keine Konkurrenz im eigenen Haus geschaffen wird und der Materialan- sowie der -abtransport problemlos vorzunehmen ist,
- regionale Umsatzzahlen,
  - damit eine Identifikation der Region mit den besten Erfolgsaussichten möglich ist sowie
- Angaben zur finanziellen Gesamtsituation des Unternehmens,
  - damit ein Budget für die Realisierung des Plans erstellt werden kann

Die Planung eines neuen Standortes würde zunächst ein Gespräch mit

- der Geschäftsleitung,
- den Leitern der umliegenden Niederlassungen sowie
- einzubindenden Sachbearbeitern aus den Bereichen
  - Vertrieb
  - Logistik/Materialwirtschaft und
  - Rechnungswesen

bedingen, um die umseitig genannten Fragestellungen zu klären. Die Informationen können aufgrund der Tatsache, dass eine Controlling-Abteilung ein Unternehmen in der Regel aus der „Vogelperspektive" betrachtet – d. h. ihr nahezu alle Informationen zur Verfügung stehen – aufbereitet, und vorab an die Beteiligten versandt werden, damit diese bis zum Gesprächstermin Gelegenheit haben, sich hiermit vertraut zu machen.

Das Controlling übt somit **lediglich** eine **Informationsversorgungsaufgabe** aus, trifft **keine Entscheidungen** und **führt** demnach **keine** Mitarbeiterinnen und Mitarbeiter. Die Konzeption von Horváth lässt sich also, basierend auf diesem Fallbeispiel, als realistisch und praxisbewährt ansehen.

2.2 Koordination des Führungsgesamtsystems

Die seitens **Küpper** und seinen Co-Autoren Friedl, Y. Hofmann, C. Hofmann und Pedell entwickelte Controlling-Konzeption geht über die von Horváth entwickelte hinaus. Seitens Küpper et al. wird die Ansicht vertreten, dass es sich beim Controlling um eine **Managementkonzeption** handelt, die sich **umfassend** auf die **Koordination** von **Führungsteilsystemen** bezieht. Ihre Kritik an Horváth zielt auf die fehlende **Ausweitung** der **Koordinationsfunktion** auf die **Organisation** bzw. das **Personal** ab (Küpper et al. 2013, S. 32–33). Gemäß ihrem Verständnis muss die Koordination eines Führungsgesamtsystems sowie deren zielgerichtete Lenkung die **Personalführung** umfassen, die mit der Schaffung von **Anreizsystemen** einhergeht. Somit wird Controlling zu einer Komponente der Führung sozialer Systeme, welche die Führung bei Lenkungsaufgaben unterstützt und die selbst mit einer **limitierten Weisungsbefugnis** ausgestattet ist. Diese Forderung deckt sich mit der seitens Küpper et al. getätigten Aussage, dass für das **Controlling** grundsätzlich **keine** betriebswirtschaftliche **Aufgabe ausgeschlossen** ist (Küpper et al. 2013, S. 13). Eine Bestätigung hierfür findet sich in der Konzeption nach Reichmann, der Controlling-Aktivitäten in allen Unternehmensbereichen als sinnvoll erachtet (Reichmann 2011, S. 197 ff.).

Beispiel

Zugrunde gelegt sei das bereits o. g. Stahlhandelsunternehmen mit Sitz in Deutschland, das die Errichtung eines neuen Standortes plant. Die zu klärenden Fragen werden ebenso wie die beteiligten Personen/Abteilungen als identisch unterstellt. Das Controlling könnte die Besprechung leiten, alle Vorschläge bezüglich der Größe und der Lage eines neuen Standortes zur Kenntnis nehmen, hieraus resultierende Ziele formulieren und die Durchsetzung seitens der Führungssubsysteme sowie der Leistungsebenen gleich anweisen. Abb. 2.4 verdeutlicht die hierzu erforderliche, organisatorische und mit Weisungsbefugnis für die der Geschäftsführung nachgeordneten Ebenen ausgestattete Einbindung des Controllings im Unternehmen bzw. im Konzern. Die Kontrolle der Einhaltung von Zielvorgaben ist für das Controlling obligatorisch. Die Entwicklung eines **erfolgsabhängigen Vergütungssystems** für Mitarbeiterinnen und Mitarbeiter des Vertriebs kann in diesem Zusammenhang als **Beispiel für** die seitens Küpper et al. geforderte Schaffung von **Anreizsystemen** im Rahmen der Führungsunterstützung genannt werden.

Auch das Konzept nach Küpper et al. kann mit Blick auf die o. g. Situationsbeschreibung als realistisch und praxisbewährt angesehen werden, wenn die organisatorischen Strukturen, insbesondere hinsichtlich der Hierarchien, eindeutig geregelt sind.

Gemäß der Konzeption nach Horváth ist das Controlling lediglich zur **Bereitstellung** von **Informationen** sowie zur Sicherstellung „berechtigt", dass diese auch alle ihre Adressaten erreichen. Gemäß der Konzeption nach Küpper et al. benötigt das Controlling **Weisungsbefugnis,** um die Umsetzung der Pläne einerseits **anzuweisen,** darüber hinaus zu **kontrollieren** und – wenn die Personalführung ebenfalls ausgeübt werden soll und entsprechend auch verantwortet werden muss – außerdem die Nichteinhaltung von Anweisungen zu **sanktionieren** (Olfert, Personalwirtschaft 2015, S. 250). Beide Konzeptionen werden literarisch kontrovers diskutiert.

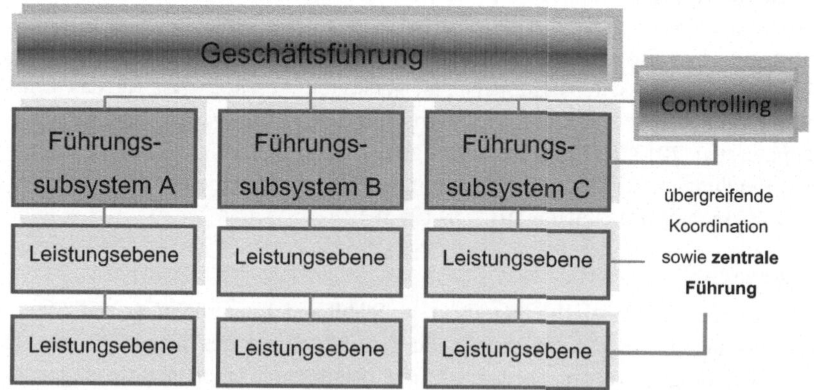

Abb. 2.4 Einbindung des Controllings in die funktionsablauforientierte Organisationsstruktur gemäß Controlling-Konzept nach Küpper et al.

2.3 Rationalitätssicherung

Die Controlling-Konzeption nach **Weber und Schäffer** stellt in erster Linie einen Ansatz zur **Rationalitätssicherung** sowie eine spezifische **Führungsperspektive** dar. Beide gehen davon aus, dass innerhalb der Führungsspitze von Unternehmen Fehler gemacht werden, denn sie schreiben, dass die Führung von Unternehmen durch Manager vollzogen wird, deren *„kognitive Fähigkeiten individuell begrenzt"* sind und **Rationalitätsdefizite** durch *„Wollens- und Könnensbeschränkungen"* der Manager entstehen (Weber und Schäffer 2016, S. 27). Die Aufgabe des Controllings soll darin bestehen, Denkfehler und Muster für die Unternehmensführung erkennbar zu machen und außerdem entsprechende Instrumente bereitzustellen, um sie für eine erfolgreiche Reflexion zu moderieren. Dies aus dem Grund, dass seitens des Managements häufig verhaltensorientierte Entscheidungen getroffen werden, die auf Erfahrungen und/oder Emotionen in Abhängigkeit des situativen Verhaltens basieren (Gehrig und Breu 2013, S. 47).

Diese Äußerungen sollen sicherlich keinesfalls abwertend aufgefasst werden sondern vielmehr darstellen, dass **Fehler** im Rahmen menschlicher Arbeitsleistungen geradezu axiomatisch **auftreten** und nicht ausgeschlossen werden können. **Wichtig** ist **nicht,** den **Fehler** zu **ahnden,** der begangen wurde sondern **vielmehr** einerseits **schnellstmöglich** eine **Lösung** für Probleme zu finden und diese zu beseitigen und darüber hinaus Lehren aus begangenen Fehlern für die Zukunft zu ziehen. Als Rationalität wird in diesem Zusammenhang die Fähigkeit verstanden, in einer Art und Weise zu führen, dass den Anforderungen an gestellte **Zweck-Mittel-Beziehungen** entsprochen wird. Diese Prämisse bedeutet nichts anderes als die Voraussetzung, dass betriebliche Finanzmittel lediglich zu einem klaren Zweck eingesetzt werden, der sich in der unternehmerischen Praxis beispielsweise in der

- Umsatz-/Gewinnsteigerung,
- der Erweiterung von Marktpotenzialen oder
- der Sicherung des Unternehmensfortbestands

manifestiert.

Beispiel

Als Anwendungsbeispiel soll an dieser Stelle erneut das Stahlhandelsunternehmen dienen, das die Eröffnung eines neuen Standorts plant. Angenommen, die letzte Niederlassung wurde basierend auf der Intuition der Geschäftsführung vorgenommen und hat sich, aufgrund der Tatsache, dass die geografische Lage sowie die Absatzwege nicht optimal sind, als wenig rentabel herausgestellt. Vor der Eröffnung wurden diese Aspekte nicht geprüft; das Controlling nicht mit einer entsprechenden Untersuchung beauftragt.

In einem solchen Szenario lag der Entscheidung ein „Denkfehler" zugrunde, der nicht wiederholt werden und durch das Controlling bzw. die Anwendung entsprechender **Instrumente** vermieden werden soll. Als Instrumente können in dieser Situation die bereits im Rahmen der Beschreibung der Konzeption nach Horváth angesprochene

- Situationsanalyse/Ist-Datenerfassung,
- Planungsrechnung und
- Budgetierung sein.

Weber und Schäffer sprechen im Rahmen ihrer Konzeption auch von der Notwendigkeit einer **Nutzenmaximierung,** die sich, bezogen auf o. g. Beispiel, in der Erreichung des größtmöglichen Umsatzes oder des größtmöglichen Marktanteils in Deutschland darstellen könnte.

Die letzte an dieser Stelle zu betrachtende Controlling-Konzeption ist die nach **Reichmann.** Er stützt seine Aussagen auf den kennzahlenbasierten Ansatz, nach dem das Controlling mittels Informationsversorgung die Entscheidungsqualität auf allen Führungsebenen verbessern soll.

- Die Voraussetzung hierfür ist die Festlegung von Entscheidungsbereichen auf Basis der funktionsablauforientierten Organisation,
  - das Controlling soll nicht ausschließlich dem Top-Management zugeordnet sein, sondern es sollen „Unterabteilungen" wie Finanzcontrolling, Marketingcontrolling, Produktionscontrolling etc. vorhanden sein (Vgl. hierzu Abb. 1.3),
- durch die auf diese Weise geschaffenen Datenbasen soll Transparenz durch Information aus allen Bereichen für alle Bereiche geschaffen werden und
  - die Informationsversorgung soll in diesem Zusammenhang insbesondere die Daten des externen Rechnungswesens (Finanz-/Bilanzbuchhaltung) berücksichtigen.

Mit dem Ziel der höchstmöglichen **Qualität** aller **Informationen** sollen die Systemteile (Finanz-, Marketing-, Produktionscontrolling bis zur Geschäftsführung) durch ein **Kennzahlensystem** miteinander verbunden werden, damit für die Geschäftsführung und deren **Entscheidungsfindung** die größtmögliche **Transparenz** hinsichtlich aller Geschäftsprozesse eines Unternehmens oder eines Konzerns vorherrscht.

2.4   Kennzahlen- und berichtswesenbasierter Ansatz

Gemäß dem Konzept nach Reichmann wäre der Idealfall des **operations research** – der Entscheidungsvorbereitung – in Form der nahezu vollständigen Transparenz erreicht. Das Vorliegen aller erdenklichen Informationen kann die Entscheidungsqualität durch die Möglichkeit zur Berücksichtigung aller Eventualitäten verbessern.

Reichmann weist in der Beschreibung seiner Konzeption darauf hin, dass bei der **Bearbeitung** der zur Entscheidungsvorbereitung erforderlichen **Daten** das **externe Rechnungswesen** zu **berücksichtigen** ist und ein **Kennzahlensystem** als **Bindeglied** zwischen den einzelnen Systemteilen implementiert werden muss. Reichmann fokussiert seine Ausführungen auf monetäre Kennzahlen – an dieser Stelle sei jedoch die Anmerkung gestattet, dass auch nicht-monetäre Kennzahlen, wie der **Angebotserfolg** oder die Anzahl akquirierter **Neukunden,** existieren.

Beispiel

Letztmalig soll jetzt das bereits im Rahmen der bisher behandelten Controlling-Konzeptionen behandelte Stahlhandelsunternehmen als Beispiel dienen: nach wie vor wird die Situation unterstellt, dass die Eröffnung einer neuen Niederlassung in Deutschland geplant ist. Sofern in diesem Unternehmen eine **funktionsablauforientierte Organisationsstruktur** existiert und die einzelnen **Abteilungen** über „eigene" **Controller** verfügen, **sollte** sich einerseits die **Zeit** für die Bereitstellung benötigter Informationen **reduzieren,** da diese von einem zentral operierenden Controlling nicht mehr aufwendig aufbereitet/bereitgestellt werden sondern lediglich koordiniert, d. h. den jeweiligen Adressaten in adäquater Form und zeitnah zur Verfügung gestellt werden müssen.

Darüber hinaus sollten sich **„Streuverluste" vermeiden** lassen, die bei der Aufbereitung von Daten durch „fachfremde" Personen – zentral operierende Controller sind nicht immer unbedingt über alle Details z. B. der Produktion informiert – entstehen können.

Zusammengefasst lässt sich feststellen, dass das **operations research** (Entscheidungsvorbereitung) in **qualitativer** und **quantitativer** Hinsicht (sofern man den Zeitfaktor als quantitativ messbar bezeichnet) durch eine Vorgehensweise in Anlehnung an die Konzeption nach Reichmann eine **Verbesserung** erfahren kann.

Bei der Betrachtung der **vier** Controlling-**Konzeptionen** nach Horváth, Küpper et al., Weber/Schäffer sowie Reichmann **entsteht** zunächst der **Eindruck,** dass diese völlig **unterschiedliche Ziele** verfolgen und dem Controlling ebenso völlig voneinander **abweichende** Aufgaben zudenken. Von der Koordinationsfunktion, der Rationalitätssicherung sowie der Schaffung von Transparenz ist die Rede und die Formulierungen erwecken den **Eindruck,** dass die **Tätigkeiten** von Controllerinnen und Controllern nur **wenig** miteinander **gemeinsam** haben. Betrachtet man **jedoch** die **Instrumente,** welche die verschiedenen Autoren in Autoren in ihren Werken als relevant für die Controlling-Tätigkeiten beschreiben, so findet sich sehr wohl Übereinstimmungen – beispielsweise wird die Balanced-Scorecard in allen Werken als relevantes Instrument des strategischen Controllings bezeichnet und anhand von Anwendungsbeispielen erläutert.

- **Horváth** stellt die Erfordernis zur **Absprache** zwischen **Führungsteilsystemen** durch das Controlling in den Vordergrund seiner Konzeption;
  - dies geschieht im Rahmen der Verwendung einer Balanced Scorecard durch die Betrachtung verschiedener Perspektiven von Unternehmen, durch die verschiedene Leistungsbereiche miteinander interagieren.
- **Reichmann** fordert die **Informationsversorgung** in Unternehmen durch die Verwendung von Kennzahlen oder in Form eines ausführlichen Berichtswesens (Reporting), um auf diese Weise **Transparenz** zu schaffen und die Qualität von Entscheidungen zu verbessern;
  - die Balanced Scorecard beinhaltet für die Ziele jeder Perspektive Kennzahlen, an Hand derer diese messbar sind.
- Aus der Existenz einer **Informationsversorgung** und der hieraus folgenden Verbesserung der Entscheidungsqualität **resultiert** dann ggf. die seitens **Weber und Schäffer** geforderte **Wertsteigerung** im Unternehmen;
- und bei Erreichung von Zielen kann die Führung die seitens **Küpper et al.** geforderte **Unterstützung** in Form der Kalkulation erfolgsabhängiger Vergütungssysteme durch das Controlling erhalten.

An Hand der Fallstudien wird sichtbar, dass sich die **Ansätze** aller an dieser Stelle behandelten Controlling-Konzeptionen **auf** die betriebliche **Praxis übertragen** lassen – insofern scheint die Forderung nach Praxistauglichkeit bzw. deren Bewährung, wie sie seitens Ossadnik gefordert wird, in allen vier Fällen erfüllt zu sein.

Die ideale Controlling-Konzeption scheint demnach nicht zu existieren, was jedoch die Vermutung nahelegt, dass derartiges nur – abgestimmt auf die unternehmensindividuellen Bedürfnisse – zu konstruieren ist, indem die relevanten Anteile jeder verfügbaren Konzeption extrahiert und zu einer individuellen Konzeption zusammengefügt werden (s. Abb. 2.5).

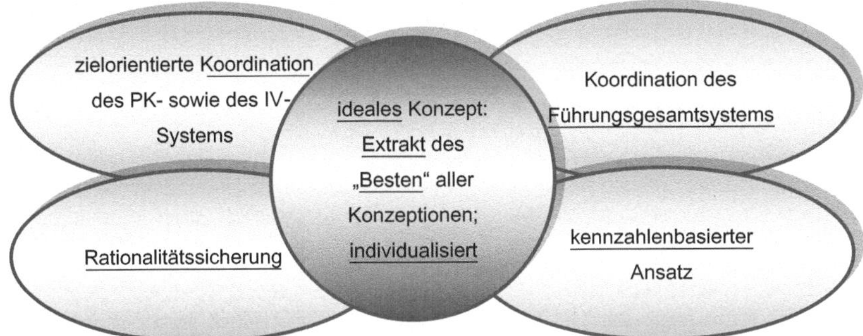

Abb. 2.5 Individualisierte Controlling-Konzeption. (Vgl. Horváth et al. 2015, S. 60)

- Wenn die vollständige **Informationstransparenz** wie von Reichmann gefordert vorliegt,
- kann das Controlling auf die **Einhaltung** des **Rationalitätsprinzips** einwirken,
- wenn das Unternehmen bzw. der Konzern sehr groß ist, können Geschäftsprozesse durch das Controlling vorbereitet und auch – wie von Küpper et al. gefordert – kontrolliert und **verantwortlich** (mit Weisungsbefugnis ausgestattet) durchgeführt werden,
- oder es bleibt – in kleinen und überschaubaren Unternehmen – bei der Aufgabe der **Informationsversorgung,** wie Horváth es beschreibt.

Organisatorische und hierarchische Eingliederung des Controllings in Unternehmen bzw. in Konzernen

Bereits im Rahmen der Ausführungen zu den Konzeptionen des Controllings wurde die Frage nach der **hierarchischen Position** einer solchen Abteilung in der Unternehmensstruktur gestellt. In Abhängigkeit der Unternehmensgröße, des Aufgabenumfangs und der Tatsache, ob es sich bei der jeweilig betrachteten Einrichtung um einen Konzern handelt, sind unterschiedliche Konstellationen der Implementierung in die Unternehmens-/Konzernstruktur denkbar – z. B. als Linien- oder als Stabsstelle (s. Abb. 3.1).

3.1 Organisation des Controllings als Stabsstelle der Unternehmensleitung

Horváth bezeichnet das Controlling in seinem Buch als „**Sparringspartner**" der Unternehmer bzw. der Geschäftsführung. Diese Umschreibung, die auf mögliche, regelmäßige **Unstimmigkeiten** zwischen der Unternehmensleitung und dem Controlling hinweist, erscheint insbesondere im Hinblick auf die seitens **Weber** und **Schäffer** verfasste Konzeption als durchaus **plausibel.** Wenn verantwortliche Personen in der unternehmerischen Praxis dazu tendieren, Entscheidungen zu treffen, die aus Erfahrungswerten resultieren – also „emotional basiert" sind, erscheint die Einbindung einer unabhängigen, „**neutralen**" Instanz als durchaus plausibel und erforderlich, die sich ggf. im Controlling manifestiert. Entscheidungsvorbereitung, die auf sachlichen Informationen beruht kann zu einem Ergebnis/zu einer Entscheidung führen, die im direkten Gegensatz zu den Erfahrungswerten der Verantwortlichen führt. Die Notwendigkeit des Controllings, sich argumentativ mit den Entscheidungsträgern auseinanderzusetzen, hat möglicherweise zur Prägung des Begriffs des Sparringspartners geführt. Sofern diese Konstellation seitens der

© Springer Fachmedien Wiesbaden GmbH, ein Teil von Springer Nature 2018
B. Hubert, *Controlling-Konzeptionen*, essentials,
https://doi.org/10.1007/978-3-658-22897-2_3

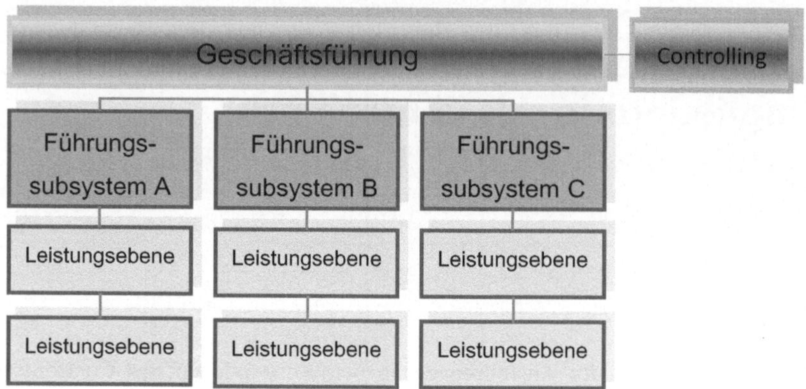

Abb. 3.1 Controlling als **Stabsstelle** der Geschäftsführung in funktionsablauforientierter Organisationsstruktur

Geschäftsführung gewünscht ist, sollte das Controlling in einer Art und Weise im Unternehmen eingebunden sein, die eine **maximale** Einsicht in die verfügbaren **Informationen** des internen und externen Rechnungswesens ermöglicht und darüber hinaus einen Zugriff durch andere Abteilungen bzw. die übrigen Führungssubsysteme unterbindet. In Abb. 3.1 ist diese Konstellation dargestellt, welche das Controlling als **Stabsstelle** direkt den **Weisungen** der **Unternehmensführung** zuordnet und das keine anderen als die von der Unternehmensleitung übertragenen Aufgaben übernimmt. Diese Variante empfiehlt sich für Unternehmen, in denen das Management „viel" Unterstützung in Form von Zuarbeit und operations research benötigt und in denen Controllerinnen und Controller nicht in die Bewältigung von Aufgaben des Tagesgeschäfts anderer Abteilungen eingebunden sind.

3.2   Organisation des Controllings als Linienstelle

Übernimmt das Controlling – z. B. in einem mittelständischen Unternehmen – vielfältige Aufgaben z. B. in Form

- des internen Rechnungswesens
- eines regelmäßigen Reportings oder
- der Pflege eines Kennzahlensystems.

und kann die Geschäftsführung die dort beschäftigten Mitarbeiterinnen und Mitarbeiter nicht in Vollzeit „auslasten", so bietet sich eine andere Form der Organisation an, der auf Ebene der Führungssubsysteme ggf. noch eine leitende Kraft vorgeschaltet ist. In der Struktur der **Funktionsablauforientierung** wird das Controlling als **Linienstelle** neben Abteilungen wie z. B. der Produktion, dem Marketing, der Materialwirtschaft etc., implementiert (s. Abb. 3.2).

Für die Unternehmensleitung entfällt bei dieser Konstellation die Notwendigkeit zur direkten Kontrolle der Leistungsebene, die durch ein **Führungssubsystem** übernommen wird. Die Ansprache kann über diese Abteilungs-/Bereichsleitung Controlling erfolgen, die – gemäß der Umschreibung von Horváth – auch weiterhin die Funktion eines Sparrings übernehmen kann.

In einigen Unternehmen bilden das **Controlling und** das **externe Rechnungswesen** (Finanz-/Bilanzbuchhaltung) **eine Abteilung,** bzw. sind hierarchisch einem Abteilungsleiter Rechnungswesen zugeordnet. Mit Blick auf die Tatsache, dass die Leistung der Entscheidungsvorbereitung (operations research) auch nach dem Willen von Reichmann unter besonderer Berücksichtigung der Daten des externen Rechnungswesens erfolgen soll (Vgl. Kap. 2 Konzeptionen des Controllings), erscheint diese Konstellation als durchaus sinnvoll, um die **Schnittstellenüberwindung** an dieser Stelle so einfach und effizient wie möglich zu gestalten.

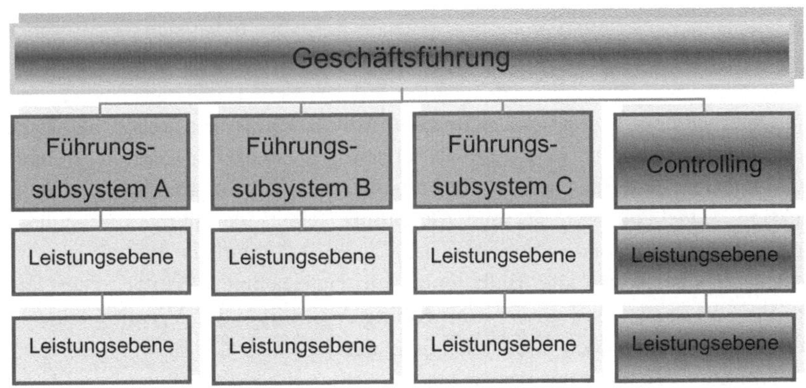

Abb. 3.2 Einbindung des Controllings als **Linienstelle** in funktionsablauforientierter Organisationsstruktur

Die **Entscheidung,** in welcher **Form** das Controlling in die Organisation eines Unternehmens eingebunden wird muss **individuell** vorgenommen werden und hängt u. a. von

- der Größe des Unternehmens,
- von der Bedeutung, die eine Unternehmensleitung einer solchen Institution beimisst,
- von der Möglichkeit der Unternehmensleitung, eine derartige Institution in Vollzeit auszulasten und auch
- von der überwiegenden Anzahl der Vor- und Nachteile, welche die jeweilige organisatorische Lösung mit sich bringt

ab.

Einer Controlling-**Linienstelle** wird innerhalb des restlichen Unternehmens aufgrund der **sozialen Präsenz** u. U. eine höhere **Akzeptanz** entgegengebracht als einer anonym und abgeschirmt operierenden Stabsstelle. Für die **Unternehmensleitung** ist die Linienorganisation insofern **vorteilhaft,** dass den dort tätigen Mitarbeiterinnen und Mitarbeitern aufgrund ihrer Entscheidungskompetenz eine **höhere Verantwortung übertragen** werden kann, was zur Entlastung des Managements beitragen kann. Als **nachteilig** hingegen können sich **Tätigkeiten** auswirken, welche die **Einbindung** einer Linienstelle **in** das **Tagesgeschäft** mit sich bringt – beispielhaft sei in diesem Zusammenhang die Erstellung von Auswertungen für andere Abteilungen.

Zur Sicherstellung der Möglichkeit einer kontinuierlichen **Fokussierung** auf die seitens der Geschäftsführung übertragenen Aufgaben bietet sich die **Stabsstelle** an. Als weitere Vorteile sind bei dieser Form der organisatorischen Einbindung die Entwicklung von **Spezialwissen,** resultierend aus dem kontinuierlichen Kontakt zur Unternehmensleitung, und eine **gesamtunternehmensbezogene Sichtweise** der Controllerinnen und Controller zu nennen. Als **nachteilig** kann die Trennung der Kompetenz und Entscheidung, insbesondere bei ausschließlicher Informationsfunktion sowie eine ggf. **geringe Akzeptanz** seitens der übrigen Abteilungen innerhalb des Gesamtunternehmens genannt werden (Graumann 2014, S. 25).

Auf welche Weise die Einbindung im Unternehmen erfolgt, liegt letztlich im Ermessen – und an der **Controlling Affinität – der Verantwortlichen.** Grundsätzlich ist jedoch wahrscheinlich, dass die Anzahl der im Controlling beschäftigten Personen mit der Anzahl des gesamten Personals und der Anzahl der Aufgaben steigt. Sofern eine steigende Anzahl von Geschäftsprozessen miteinander zu korrelieren ist und der Grad der Komplexität steigt, betrifft dies auch den Arbeitsaufwand und die Anzahl des erforderlichen Personals zur Bewältigung der Aufgaben.

3.3   Controlling in Konzernen

Ein im Vergleich zu Einzelunternehmen sowie GmbHen ohne Beteiligungen gesteigerter Grad der Komplexität von Aufgaben und Geschäftsprozesse liegt in einem **Konzern** vor. Gemäß der Definition des Handelsgesetzbuches bildet ein **Mutterunternehmen** mit nur **einem Tochterunternehmen,** auf das es **beherrschenden Einfluss** nehmen kann bereits einen Konzern (Vgl. § 297 HGB).

Anders ausgedrückt heißt das: ist ein Unternehmen X an einem anderen Unternehmen Y beteiligt und umfasst die Summe der Anteile mehr als die Hälfte der hierin erfassten Vermögensgegenstände, so kann X im Bezug auf die unternehmerischen Entscheidungen beherrschenden Einfluss auf Y ausüben und wäre somit verpflichtet, am Ende des Geschäftsjahres eine Konzernbilanz zu erstellen. Liegt eine derartige Unternehmenskonstellation vor und existieren darüber hinaus auch noch mehrere betriebliche Standorte, so werden ggf. Controllerinnen und Controller und möglicherweise diesbezügliche, vollständige Abteilungen an jedem Standort des Unternehmens benötigt. Die Zusammenfassung der Ergebnisse aus allen Betriebsstätten erfolgt in der betrieblichen Praxis häufig durch ein sogenanntes **Konzerncontrolling,** das auch direkt an die Unternehmensleitung, bzw. bezogen auf kapitalmarktorientierte Unternehmen an den Vorstand, berichtet. In organisatorischer Hinsicht handelt es sich bei dieser Konstellation um eine Stabsstelle, wie sie in Abb. 3.1 dargestellt ist. Die organisatorische Einbindung der Controlling Abteilungen einzelner Betriebsstätten bleibt von der Struktur des Konzerncontrollings zunächst unberührt. Aufgrund der Tatsache jedoch, dass ein Konzerncontrolling hinsichtlich der Geschäftsvorgänge aller Unternehmensbereiche Informationen und Entscheidungsvorlagen liefern soll, werden die dort tätigen Mitarbeiterinnen und Mitarbeiter möglicherweise Zuarbeiten seitens der Betriebsstättencontroller anfordern. Schematisch kann die Gesamtorganisation sich wie in Abb. 3.3 dargestellt gestaltet sein, wobei neben den dargestellten Führungssubsystemen A und B selbstverständlich viele weitere existieren können.

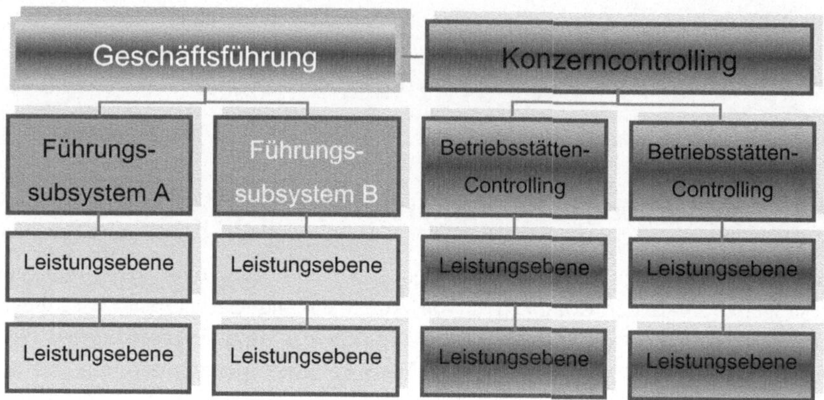

Abb. 3.3 Betriebsstätten- und Konzerncontrolling

Aufgrund der verschiedenen Ebenen entsteht mglw. der Eindruck, dass im Controlling, losgelöst von anderen Abteilungen der Funktionsablauforientierung eine zusätzliche Hierarchie entsteht, wenn…

- das Konzerncontrolling ein Unternehmen aus der Vogelperspektive betrachtet und Gesamtzusammenhänge eher wahrnimmt als z. B. ein Betriebsstättencontroller,
- das Reporting gegenüber der Geschäftsführung/des Vorstands das Reporting durchführt und bezüglich Abweichungen z. B. von Zielvereinbarungen (Erlöse, Kosten, Leistungen) informiert (Durchführung von operations research),
- das Konzerncontrolling zur Wahrnehmung seiner Aufgaben u. U. bei Betriebsstättencontrollern weitergehende Information für/in Form von Auswertungen anfordert.

Die Geschäfts-/Unternehmensführung ist als oberste Instanz gefragt, die Führung kooperativ zu gestalten und Hierarchien so klar zu formulieren, dass das oberste/gemeinsame Ziel der **Überwindung** von **Schnittstellen** zwischen allen Bereichen/Abteilungen des Gesamtunternehmens nicht gefährdet wird.

In Anlehnung an ein Beispiel aus einer früheren Auflage des Werkes von Horváth, das auf einer Untersuchung in der betrieblichen Praxis basiert, lässt sich ein Modell zur Einbindung des Controllings in Konzernen erstellen (Vgl. Abb. 3.4). Horváth

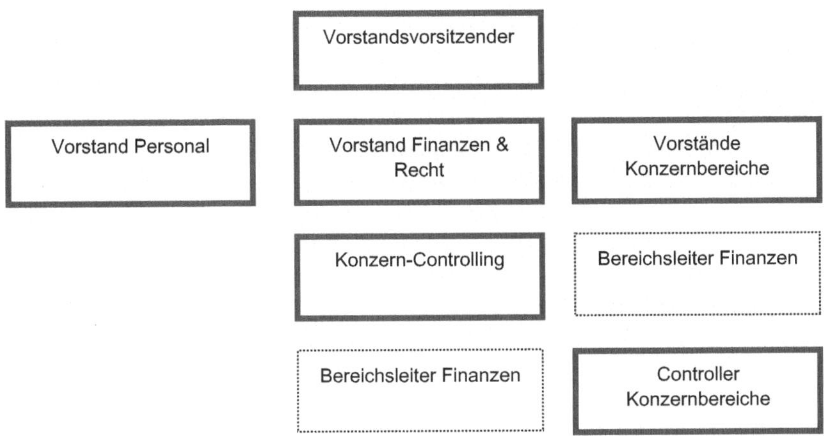

Abb. 3.4 Organisatorische Einbindung des Controllings im Konzern. (Horváth 1996, S. 20)

vertritt die Ansicht, dass das Controlling fachlich und disziplinarisch der Leitung des Rechnungswesens unterstellt sein soll. Jedoch ist die ist die hierarchische Zuordnung fraglich: ob eine Überordnung bezüglich der Bereichsleitung für Finanzen erfolgt, oder ob das Konzerncontrolling parallel hierzu als eigenständige und insbesondere eigenverantwortlich agierende Institution auf gleicher Ebene angesiedelt wird. Die Verantwortlichkeit lässt sich im Einzelfall der betrieblichen Praxis wahrscheinlich lediglich aus der Situation hinsichtlich der Aufgabenvielfalt und der individuellen Kenntnisse und Fertigkeiten heraus entscheiden. Für die modellhafte, organisatorische Einbindung des Controllings im Konzern sollen jedoch beide Optionen als grundsätzlich möglich erachtet werden.

Beispiel

Ein international tätiger Maschinenbau-Konzern mit insgesamt 3500 Beschäftigten unterhält insgesamt 8 Betriebsstätten, von denen sich jeweils 4 an den Standorten Berlin und Hamburg befinden und welche in den jeweiligen Städten rechtlich selbstständige Körperschaften sind.

Beide Körperschaften berichten an den Träger/Vorstand des Gesamtunternehmens, dessen Sitz sich in Hamburg befindet. Ziel des Konzerns – insbesondere des Trägers/Vorstands – ist die langfristige Sicherung des Unternehmensfortbestands. Im Konzern fallen die obligatorischen Personal-, BGA- und Raumkosten an; überprüft werden sollen selbstverständlich auch die erbrachten Leistungen, deren Gesamthöhe seitens des Vorstands vorgegeben ist. Entwickelt werden soll ein organisatorisches Konzept, bei welchem das UN-Ziel gesichert ist und Schnittstellen überwunden werden können. Ein Lösungsansatz kann hier abweichend von der in den bisher angeführten Beispielen Struktur des Konzern- und nachgeordneten Betriebsstättencontrollings gefunden werden. Einmal mehr bietet sich die Funktionsablauforientierung an, um eine größtmögliche Transparenz der Informationen sowie eine hieraus resultierende bestmögliche Qualität von **Entscheidungen** herbeizuführen. Die Controllingabteilungen werden nicht nach Betriebsstätten, sondern zentral nach den Funktionen

- Finanzen,
- Produktion sowie
- Kosten und Erlöse

in Sparten eingerichtet und organisiert und arbeiten die Informationen **betriebsstättenübergreifend** auf. Diese Sparten berichten an ein **zentrales Konzerncontrolling,** welches hierarchisch übergeordnet ist und seinerseits die Informationen bedarfsorientiert an die Unternehmensleitung übermittelt.

Auch wenn auf diese Weise neben der Funktionsablauforientierung eine weitere Hierarchie alleine zwischen den Controllingbereichen (Konzern/Sparten) entsteht, erscheint diese Lösung mit Blick auf den Informationsfluss und die Notwendigkeit zur **Überwindung** der **Schnittstellen** zwischen den drei existierenden Sparten als sinnvoll (s. Abb. 3.5). Um eine hohe Zahl von Rückfragen seitens des Konzerncontrollings an die Sparten zu vermeiden, sollten rudimentäre Kenntnisse aus allen drei Sparten vorhanden sein, da Rückfragen und Anmerkungen seitens der Unternehmensleitung zeitnah und qualifiziert beantwortet werden müssen. Die **Notwendigkeit** zur Existenz eines funktionierenden **ERP** ist **obligatorisch** und soll in der heutigen Zeit nicht mehr infrage gestellt werden. Die Möglichkeit zur **Korrelation** aller Abbildungen von **Geschäftsprozessen** miteinander in **elektronischer Form** stellt ebenso eine unabdingbare **Notwendigkeit** für die Praktizierung eines effizienten **operations research** dar wie die Anforderung, diese Daten allen Adressaten in kürzester Zeit in maschinenlesbarer Form (papierlos) zur Verfügung stellen zu können.

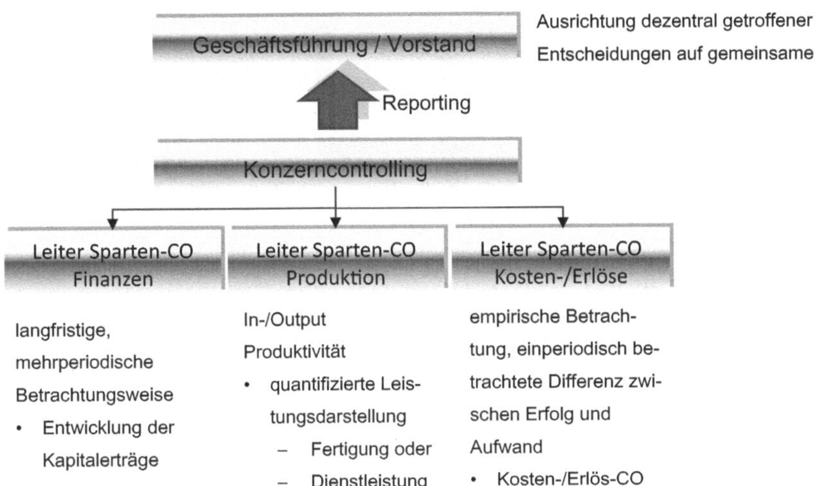

Abb. 3.5 Lösung Fallstudie; organisatorisches Konzept der Betriebsstättencontroller und des Konzerncontrollings

3.4 Bedeutung des Controllings für die Unternehmensleitung

Ungeachtet der Tatsache, ob Controlling in unabhängigen Unternehmen, Konzernen, als Linien- oder Stabsstelle praktiziert scheint bei der Betrachtung der von verschiedenen Autoren formulierten Konzeptionen und organisatorischer Implementierungen doch die **Kernaufgabe** in der **Informationsbereitstellung** und der **Entscheidungsvorbereitung** zu bestehen. Die Hauptintention liegt in der Sicherstellung einer wirtschaftlichen Unternehmensführung anhand von Informationen zur langfristigen Sicherung des Unternehmensfortbestands. Als interessant erscheint in diesem Zusammenhang eine Aussage von Horváth, der das Controlling unter Bezugnahme auf eine Stellungnahme des Controller Vereins in einer älteren Ausgabe seines Buches „Controlling" als den **Sparringspartner** des Unternehmers/Inhabers bzw. der Unternehmensleitung bezeichnet (Horváth 1996, S. 26). Diese etwas jovial anmutende Formulierung ist jedoch, insbesondere unter

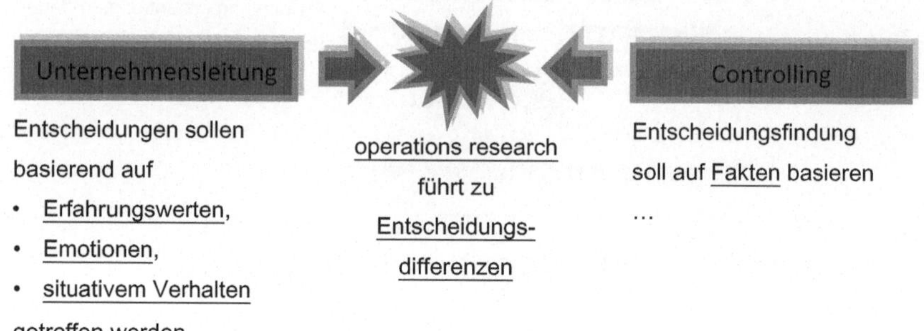

Abb. 3.6 Controlling als „Sparringspartner" des Managements

Berücksichtigung der **Konzeption** nach **Weber und Schäffer,** die begrenzte kognitive Fähigkeiten des Managements als Ursache für eine mangelnde Rationalität bei der Entscheidungsfindung ansehen, durchaus nachvollziehbar (Vgl. Kap. 2). Die Aufgabe des Controllings besteht in der Bereitstellung von Informationen zur Entscheidungsvorbereitung und die Folge hieraus kann darin bestehen, dass einer Unternehmensleitung Informationen präsentiert werden, die diese nicht sehen möchte, da sie sich nicht mit ihren Vorstellungen decken (s. Abb. 3.6). Eine der **Aufgaben** des **Controllings** besteht in diesem Fall in **argumentativer Überzeugungsarbeit** um die Rationalität der Entscheidungen sicherzustellen. Dass Unternehmensleitung und Controlling in solchen Situationen nicht stets der gleichen Meinung sind, liegt auf der Hand, was die Bezeichnung des „Sparringspartners" als absolut plausibel erscheinen lässt. Auf diese Weise erklärt sich auch die in der unternehmerischen Praxis häufig vorgenommene, organisatorische Einbindung des Controllings als **Stabsstelle** – niemand außer der Geschäftsleitung soll die Leistungen des Controllings in Anspruch nehmen können, damit das Potenzial der dort tätigen Mitarbeiterinnen und Mitarbeiter in vollem Umfang dem Management zur Verfügung steht.

Die literarisch häufig genannten Aufgaben von Controllern, zu denen u. a.

• die Durchführung der Planung,
• die Berichterstattung und Interpretation (von Ergebnissen des Berichtswesens/ Reportings),
• Bewertung und Beratung bei betriebswirtschaftlichen Fragestellungen sowie
• Revisions- und Kontrolltätigkeiten

zählen (Weißenberger 2002, S. 389), können also um die **Beratung** und auch die **Schlüsselqualifikation** der „**Diplomatie**" ergänzt werden, da angeregte Argumentationen mit der Unternehmensleitung ebenso wie die Datensammlung und -analyse zum Tagesgeschäft dieser Berufsgruppe zu zählen sind.

Die Ausübung von **Controllingtätigkeiten** im Unternehmen setzt jedoch das voraus, was als **Controllingbewusstein** bezeichnet werden kann. Sofern Mitarbeiterinnen, Mitarbeiter und insbesondere die Geschäftsführung davon überzeugt sind, dass Controlling eine **wichtige** und **sinnvolle Tätigkeit** ist, liegt hierin die **Grundvoraussetzung** für eine solide **Entscheidungsvorbereitung.** Eine **Gefahr** besteht allerdings auch darin, dass aus dem **Selbstverständnis** heraus etwas **resultiert,** das als **Selbstcontrolling** bezeichnet wird und zu subjektiven **Überbewertungen** einerseits des Controllings und darüber hinaus auch seitens Unternehmensleitung führt. Um diesem Phänomen entgegenzuwirken sollte das Controlling daher institutionalisiert und mit klaren Aufgaben und Kompetenzen ausgestattet sein. Als Subsystem der Führung muss das Controlling stets unabhängig und neutral arbeiten, da

- falsche Informationen zu Fehlentscheidungen seitens der Geschäftsführung führen und
- Fehlentscheidungen die Existenz des Unternehmens gefährden (Ziegenbein 2011, S. 34).

Aus o. g. Gründen existieren Überlegungen zur organisatorischen Einbindung des Controllings im Unternehmen, da die Neutralität i. V. m. der Nähe und der stetigen Interaktion mit der Geschäftsleitung unbedingt im Sinne einer höchstmöglichen Transparenz und Qualität von Informationen sichergestellt sein muss.

Informations- und Datenfluss 4

4.1 Datenbasen des Controllings: das interne und externe Rechnungswesen

In den vergangenen Kapiteln wurde Controlling bereits als **Subsystem der Führung** dargestellt, welches

- ein **Steuerungssystem** verkörpert, das führungsunterstützend arbeitet und **Transparenz** von Geschäftsprozessen und Handlungen sicherstellt und darüber hinaus
- eine **Servicefunktion** hinsichtlich der Bereitstellung von Daten für die Führung – oder auch für das gesamte Unternehmen – übernimmt sowie
- eine **Querschnittsfunktion** über alle Bereiche und Ebenen des Unternehmens

darstellt.

Ebenso wie in den **Natur- bzw. Ingenieurwissenschaften** lassen sich **nur** diejenigen **Dinge/Vorgänge/Prozesse steuern,** die sich auch **messen** lassen. Insofern sind an Daten und Zahlen, durch welche die relevanten Sachverhalte in einem Unternehmen ausgedrückt werden, folgende Anforderungen zu stellen:

- **Übereinstimmung,** der zufolge auch das gemessen wird, was gemessen werden soll,
- **Zuverlässigkeit** – eine wiederholte Messung liefert ein identisches Ergebnis,
- **Objektivität** – unterschiedliche Personen sollen identische Ergebnisse feststellen,
- **Wirtschaftlichkeit** – der Nutzen der Messung ist größer als die hierdurch verursachten Kosten.

© Springer Fachmedien Wiesbaden GmbH, ein Teil von Springer Nature 2018
B. Hubert, *Controlling-Konzeptionen*, essentials,
https://doi.org/10.1007/978-3-658-22897-2_4

In Summe stellen diese Aspekte hohe Anforderungen an die Qualität der Datenbasen des Controllings, aus dem **Entscheidungen** resultieren, welche die **wirtschaftliche Existenz** und die **Zukunft** von Unternehmen **sicherstellen müssen.** Gemäß Reichmann sollen **Kennzahlen** und **Reportings** Controllings zu einem erheblichen Teil auf Daten des **externen Rechnungswesens basieren.** Diese Forderung hat einen guten Grund, da das externe Rechnungswesen in Form

- der Grundsätze ordnungsmäßiger Buchführung,
- der handelsrechtlichen Vorschriften zur Erstellung von Jahresabschlüssen
  – bestehend aus zumindest der Bilanz sowie der Gewinn- und Verlustrechnung
- sowie den Bewertungsvorschriften von Vermögensgegenständen und Verbindlichkeiten gemäß des Einkommensteuergesetzes

juristisch reglementiert ist und somit eine „zuverlässige" Datenquelle darstellt (Hubert 2017, S. 5 ff.). Die auf dem externen Rechnungswesen basierenden Finanzrechnungen haben primär die Aufgabe der **Liquiditätsplanung, -steuerung** und **-kontrolle.** Operativen Finanzierungsrechnungen liegen periodengerecht zugerechnete Ein- und Auszahlungen zugrunde, die in kurz-, mittel- und langfristige Finanzpläne einfließen und die Grundlage für das Finanzbudget bilden (Horváth 1996, S. 423). Je fundierter und korrekter die zugrunde liegenden Daten sind, desto genauer und sicherer können basierend hierauf Pläne und Handlungsanweisungen zur Unternehmenssteuerung erstellt werden.

Da im externen Rechnungswesen bzw. der Finanz-/Bilanzbuchhaltung „lediglich" die Ein- und Ausgaben eines Unternehmens rechtskonform (s. o.) für die Darstellung in den Jahresabschlüssen verarbeitet werden, jedoch keine Unterscheidung zwischen Aufwendungen und Kosten sowie Erlösen und Leistungen erfolgt, existiert – in Abhängigkeit der organisatorischen Struktur sowie der Größe eines Unternehmens – neben dem externen Rechnungswesen, auch noch ein zusätzliches, **internes Rechnungswesen.** Hier wird, basierend auf den Daten des externen Rechnungswesens die **Kosten- und Leistungsrechnung** praktiziert (s. Abb. 4.1). Deren Aufgabe besteht in der Abgrenzung der betrieblichen Kosten und Leistungen von den (bilanz-)buchhalterischen Aufwendungen und Erlösen. Die Kostenrechnung unterstützt somit die Bilanzrechnung bei der Ermittlung der Herstellungskosten von Vermögensgegenständen (Wedell und Dilling 2017, S. 240), was einerseits für die Ermittlung des Wertes anderer aktivierte Eigenleistungen aber auch für die **Kalkulation** von **Preisen** für **Güter** und/oder erbrachte **Dienstleistungen** relevant ist.

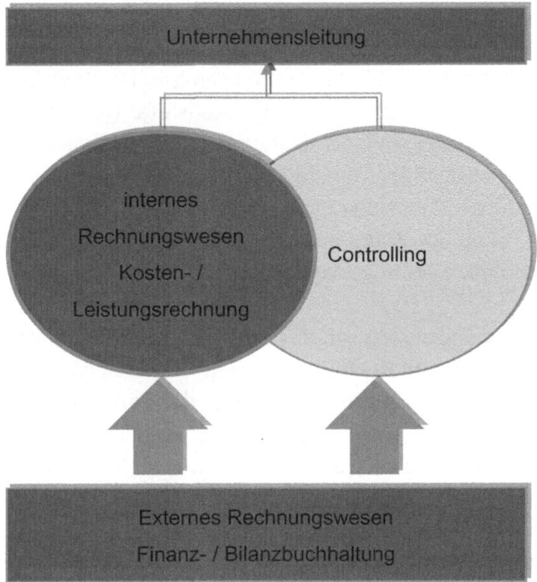

Abb. 4.1 Informationsfluss und -verarbeitung von Daten des Rechnungswesens

---

Beispiel

Ein Maschinenbauunternehmen erwirtschaftet Erlöse aus dem Verkauf selbst produzierter Werkzeugmaschinen. Erlöse fließen ihm zusätzlich in Form von Zinserträgen sowie Dividendenzahlungen aus Beteiligungen an einer börsennotierten Kapitalgesellschaft zu.

Aufwendungen entstehen in Form des Verbrauchs von Rohmaterialien, durch Mietzahlungen und die Zinsen für in Anspruch genommenes Fremdkapital.

Zur Ermittlung von Verkaufspreisen müssen die Erlöse aus dem Verkauf der selbst gefertigten Werkzeugmaschinen von den Erlösen aus Zinsen und Beteiligungen getrennt werden, da letztere keinen betrieblichen Ursprung haben und somit bei der Kalkulation nicht zu berücksichtigen sind. Die Finanzbuchhaltung erfasst die Zahlungseingänge, die aus dem Verkauf von Produkten und aus den Aktivitäten am Kapitalmarkt resultieren – und das auch auf unterschiedlichen Konten – unterscheidet jedoch nicht zwischen betrieblichen Leistungen und nicht-betrieblichen Erlösen. Eine identische Situation liegt bei der Behandlung der Aufwendungen vor. Im Produktionsprozess entstandene Aufwendungen für verbrauchte Rohstoffe wie Stahl oder zugekaufte elektronische Bauteile sind als Kosten bei der Kalkulation von Verkaufspreisen zu berücksichtigen, da sie einen betrieblichen Ursprung haben. Die Miete für genutzte Geschäftsräume wird nur dann berücksichtigt, wenn sie sich auf die Produktionsstätte bezieht, in der die für den Verkauf bestimmten Werkzeugmaschinen gefertigt werden.

Das **interne** Rechnungswesen stellt somit eine „Verfeinerung" bzw. **„Differenzierung"** des **externen Rechnungswesens** dar. Reichmann stellt in seinem Werk die Forderung nach Berücksichtigung der Informationen des externen Rechnungswesens bei der Erstellung von Reports zum Zweck des operations research. Diese Daten können jedoch – wie an o. g. Beispiel erkennbar wird – **nicht direkt verwendet** und in Berichten und/oder Kennzahlen verarbeitet, **sondern** müssen **zunächst aufbereitet** und **bereinigt** werden, da sie **ansonsten** zu **falschen Entscheidungen** führen. Im vorliegenden Fall würde bei Berücksichtigung aller buchhalterischen Aufwendungen in der Kalkulation von Verkaufspreisen ein deutlich zu hoher Preis resultieren, der nicht mehr marktfähig ist, was wiederum die Existenz des Unternehmens gefährden könnte.

Im Umkehrschluss würde die Berücksichtigung aller o. g. – auch betriebsfremden – Erlöse zu einem deutlich zu niedrigen Verkaufspreis führen, der letztendlich durch die hieraus resultierenden, zu niedrigen Umsätze ebenfalls zu existenzbedrohlichen Umsatzeinbrüchen führt.

Ungeachtet der Tatsache, ob das externe Rechnungswesen in Verbindung mit einem regelmäßigen oder unregelmäßigen Berichtswesen durch das Controlling erstellt wird, ist die Bereinigung der buchhalterischen Ergebnisse erforderlich, um eine solide Datenbasis für die Entscheidungsvorbereitung bereitzustellen.

Basierend auf den Informationen erstellt, die in den Jahresabschluss einfließen, soll die Zuverlässigkeit und Validität der Ergebnisse insofern nicht infrage gestellt werden. Wird das interne Rechnungswesen, was mit den Inhalten eines regelmäßigen Berichtswesens übereinstimmt sogleich durch das Controlling erstellt, was in der unternehmerischen Praxis häufig der Fall ist, lassen sich auf diese Weise Streuverluste von Informationen durch die Aufhebung einer Schnittstelle bewirken (Vgl. Abb. 4.2).

Je **größer** das **Unternehmen** ist, in dem eine Controlling-Abteilung ihre Dienste verrichtet, desto **umfangreicher** ist die **Anzahl** der **Geschäftsprozesse**

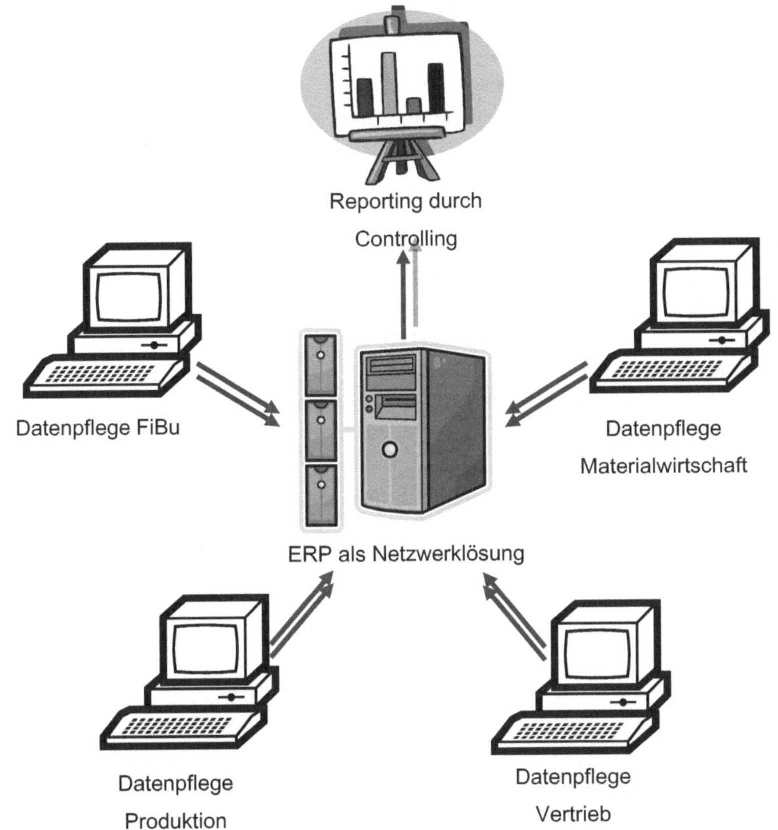

Abb. 4.2 ERP-Zugriff in Unternehmen ohne Beteiligungen (Funktionsablauforientierung)

die zu erfassen sind und umso **größer** ist die **Datenbasis,** die das Controlling zur Erstellung von **Unternehmensberichten** zu bearbeiten hat.

In heutiger Zeit, in der nahezu jede Privatperson im Besitz eines internetfähigen Smartphones ist und mindesten ein Mikrocomputer in jedem privaten Haushalt zu finden ist, erübrigt sich die Diskussion bezüglich der Entwicklung von IT und muss nicht mehr über die Notwendigkeit und Möglichkeiten der EDV-Unterstützung des Controllings gesprochen werden. Im Gegensatz zu den Zeiten der Anfänge des Controllings in den 80er Jahren ist in der heutigen Zeit eine Selbstverständlichkeit. Die Erfassung von Geschäftsprozessen erfolgt in vielen Unternehmen heutzutage unter Verwendung von Warenwirtschaftssystemen, die mit dem Anglizismus „Enterprise Ressource Planning" (Abkürzung: ERP) bezeichnet sind.

Hierzu gehören Softwares wie z. B. SAP, die speziell zugeschnittene Eingabemasken für alle Abteilungen des Unternehmens wie

- FiBu
  - Berücksichtigung der Grundsätze ordnungsmäßiger Buchführung
- Materialwirtschaft
  - Bereitstellung einer vollständigen Artikeldatenbank,
- Produktion
  - Fertigungsschritte und Materialverbräuche
- Marketing/Vertrieb
  - vollständige Kundendatenbank mit Angaben zu Umsätzen, Kaufverhalten, Kreditlinien, etc.

bieten. Häufig sind diese Programme modular aufgebaut, damit Unternehmen die Möglichkeit haben, lediglich die Module zu kaufen, die im Haus benötigt werden.

Ferner stehen in derartigen Programmen umfangreiche **Downloadoptionen** zur Verfügung und auf diese Weise die Datenbasen für das Controlling bzw. die Auswertungen/Reports liefern. Die Software ist i. d. R. auf einem **Server** installiert, auf den alle im Unternehmen befindlichen **Workstations**/Sachbearbeiter **Zugriff** haben um die erforderlichen **Eingaben** zur virtuellen **Abbildung** der **Geschäftsprozesse** zu tätigen. Im Rahmen einer solchen Organisation können dem Controlling Zugriffsrechte für die gesamte Datenbank eingeräumt werden, damit für die Erstellung von Reports die Möglichkeit sämtlicher Geschäftsprozesse miteinander besteht. In Abb. 4.2 ist die Organisation der Netzwerklösung eines ERP auf einem Zentralserver mit allen Zugriffsmöglichkeiten schematisch dargestellt.

Besteht ein Unternehmen aus **mehreren,** ggf. rechtlich selbstständigen **Einheiten** und/oder handelt es sich um einen **Konzern,** so müssen die für das Controlling erforderlichen Daten nicht nur aus verschiedenen Abteilungen sondern auch noch von verschiedenen Standorten bereitgestellt werden. Die in Abb. 4.2 dargestellte Netzwerklösung eines ERP erstreckt sich dann eine Ebene weiter über Standorte und dann über die in den jeweiligen Standorten befindlichen Abteilungen. Sämtliche Abteilungen aller Standorte tätigen ebenfalls die zur Abbildung von Geschäftsprozessen erforderlichen Daten in die entsprechenden Eingabemasken.

Diese Daten können dann wiederum über ein – in diesem Fall ggf. Konzern-Controlling – abgerufen und für die Erstellung von Reports, Kennzahlen, etc. verwendet werden. Abb. 4.3 zeigt schematisch die Organisation einer Netzwerklösung unter Verwendung eines oder mehrerer zentral im Zugriff befindlicher Server.

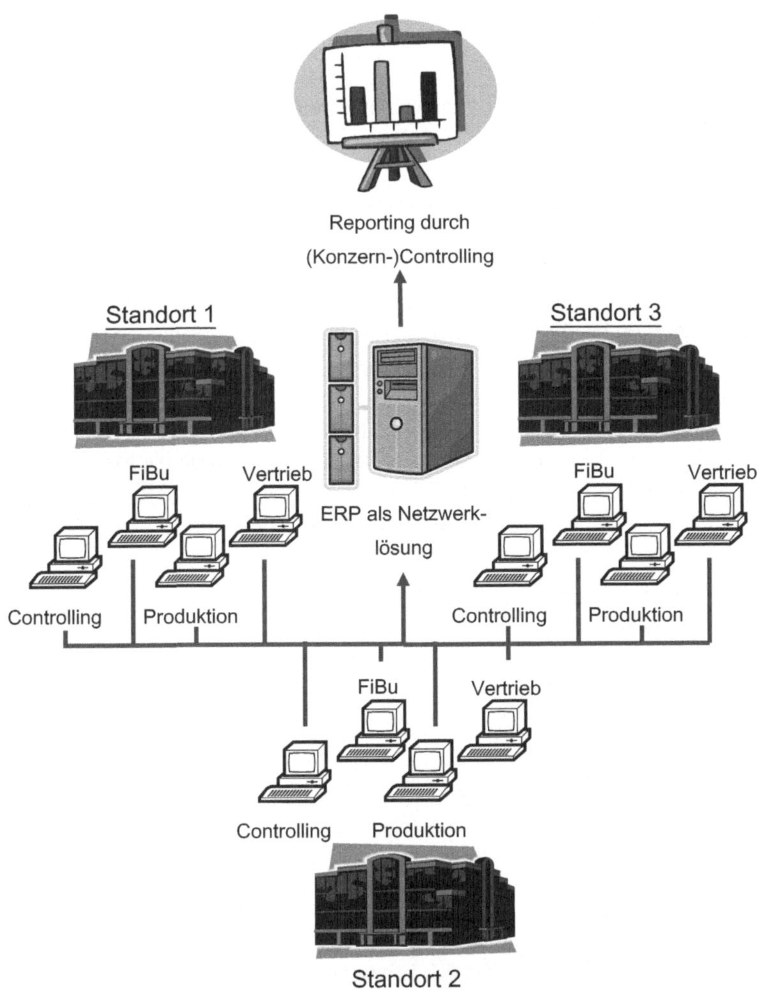

Abb. 4.3 ERP-Zugriff im Konzern/Unternehmen mit mehr als einem Standort

Die abstrakt anmutende Formulierung der **Korrelation** von **Geschäftsprozessen,** welche durch die im Unternehmen tätigen Mitarbeiterinnen und Mitarbeiter erfolgt bedeutet konkret, dass

- Leistungen
- Umsätze,
- Erlöse,
- Kosten

In Beziehung zueinander gesetzt werden sollen, damit auf diese Weise u. a. deutlich wird,

- welche Standorte oder Leistungen besonders umsatzträchtig oder kostenintensiv sind,
- welche Zeiträume des Geschäftsjahres die umsatzstärksten und welche die umsatzschwächsten waren,
- Auffälligkeiten bezüglich Kosten oder Mitbewerbern bestehen.

Zur Verdeutlichung ist in Abb. 4.3 ein Auszug des Downloads aus einem SAP dargestellt. Zugrunde liegt ein Beratungsunternehmens mit insgesamt 5 Standorten in Berlin und Hamburg. Zu sehen ist, dass die Organisation des Reports dergestalt aufgebaut ist, dass die Vorgangsnummer/die Beratungsleistung das maßgebliche Kriterium darstellt und jeder Beratungsleistung

- die Stadt, aus welcher die Unternehmensberater gestartet sind,
- eine Vorgangsnummer,
- der Standort des erbringenden Hauses (Berlin oder Hamburg)
- der Leistungszeitraum,
- die Dauer der Leistungserbringung in Tagen,
- die Erlöse sowie
- die Kosten

zugeordnet sind.

Werden jetzt die Inhalte der Spalte mit den Standortbezeichnungen und die Umsätze miteinander in Korrelation gesetzt, so erhält man als Anwender das Ergebnis, welcher Standort des Konzerns die höchsten Umsätze erwirtschaftet hat. Setzt man die Umsätze und die Erlöse miteinander in Beziehung, so erhält man als Anwender eine Information darüber, in welchem Monat die höchsten- und in welchem die niedrigsten Umsätze erwirtschaftet wurden; fügt man den

Standort hinzu, verdeutlicht das Ergebnis außerdem, ob alle Standorte zu gleichen Zeiten umsatzstark oder umsatzschwach waren.

Über die reine „handwerkliche" Korrelation der Daten unter Verwendung z. B. einer Tabellenkalkulation miteinander hinaus, bedeutet die bereits zu Beginn des Kapitels erwähnte Interpretation von Daten nach Weißenberger (Weißenberger 2002, S. 389) die Möglichkeit und Fähigkeit, aus den auf o. g. Art und Weise ermittelten Ergebnissen Schlüsse und Handlungsoptionen für Führungssubsysteme und Leistungsebenen zu generieren, die bezüglich der umseitig genannten Umsatzschwankungen von konzernweiten Betriebsferien in Zeiten von wiederholt durchweg schlechten Umsatzperioden bis zur Schließung von im Vergleich zum Rest des Konzerns schlechte Ergebnisse erwirtschaftenden Standorten reichen (S. Abb. 4.4).

Lfd. Nr.	Stadt	Vorgangs-nr.	Reklama-tion	Standort	Beginn	Ende	Berater-tage	Umsätze	Kosten
1	Berlin	323150.4		HAUS 2	02.01.2017	10.01.2017	8,8	4.421,88	3.537,50
2	Berlin	101109441	−1.823,61	HAUS 2	22.11.2017	25.11.2017	3,6	−1.823,61	1.458,89
3	Hamburg	35651.4		HAUS 4	04.01.2017	07.01.2017	3,5	1.760,42	1.408,33
4	Berlin	93382.12		HAUS 2	20.04.2017	22.04.2017	2,5	1.250,00	1.000,00
5	Berlin	9922.4		HAUS 2	18.04.2017	21.04.2017	3,5	1.725,69	1.380,56
6	Berlin	101106991		HAUS 2	07.11.2017	08.11.2017	1,6	815,97	652,78
7	Hamburg	1104755		HAUS 1	03.05.2017	10.05.2017	7,7	3.840,28	3.072,22
8	Berlin	169598.8		HAUS 2	14.01.2017	22.01.2017	8,7	4.333,33	3.466,67
9	Berlin	335402.3		HAUS 2	28.12.2017	03.01.2017	6,6	3.282,99	2.626,39
10	Hamburg	1100312		HAUS 1	11.01.2017	21.01.2017	10,6	5.317,71	4.254,17
11	Hamburg	1108202		HAUS 1	01.08.2017	12.08.2017	11,7	5.843,75	4.675,00
12	Hamburg	131100623		HAUS 1	06.10.2017	12.10.2017	6,7	3.346,53	2.677,22
13	Berlin	339073.1		HAUS 3	17.01.2017	28.01.2017	11,5	5.750,00	4.600,00
14	Hamburg	1104793		HAUS 1	03.05.2017	19.05.2017	16,7	8.354,17	6.683,33
15	Hamburg	1108599		HAUS 1	11.08.2017	25.08.2017	14,8	7.389,93	5.911,94
16	Hamburg	109821.9		HAUS 5	29.06.2017	30.06.2017	1,4	700,00	560,00
17	Berlin	125480.10		HAUS 2	06.01.2017	28.01.2017	22,7	11.333,33	9.066,67
18	Hamburg	15971.6		HAUS 5	27.06.2017	28.06.2017	1,4	687,50	550,00
19	Berlin	173689.5		HAUS 2	14.03.2017	06.04.2017	23,5	11.770,83	9.416,67
20	Hamburg	174276.5		HAUS 5	10.05.2017	11.05.2017	1,5	765,28	612,22
21	Berlin	188803.5		HAUS 2	30.03.2017	13.04.2017	14,8	7.385,42	5.908,33
22	Berlin	18904.70		HAUS 2	04.07.2017	15.07.2017	11,6	5.791,67	4.633,33
23	Berlin	192623.19		HAUS 2	02.03.2017	23.03.2017	21,5	10.729,17	8.583,33
24	Berlin	194226.5		HAUS 2	05.04.2017	14.04.2017	9,5	4.760,42	3.808,33
25	Hamburg	198400.10		HAUS 5	14.07.2017	14.07.2017	0,7	354,17	283,33

Abb. 4.4 Download aus ERP; Datenbasis zur Korrelation elektronisch erfasster Geschäftsprozesse

Diese Maßnahmen können in Form von direkten Gesprächen zwischen der Unternehmensleitung und den Kostenstellenverantwortlichen erfolgen, um Ursachen für Umsatz- oder Leistungsrückgänge zu ergründen und stellen das dar, was im Sinne des Controllings unter den Tätigkeiten des Messen und Regelns verstanden wird, die auch in den Natur- und Ingenieurwissenschaften praktiziert werden und sich für die Sozial- und Geisteswissenschaften stellvertretend im Controlling manifestieren. Pläne die seitens der Unternehmensleitung basierend auf z. B. Vergangenheitswerten erstellt werden stellen die Vergleichsgrundlage dar, gemessen werden Leistungen an Hand der im Rahmen dieses Kapitels beschriebenen Ergebnisse, die durch eine Controlling Abteilung erstellt werden und als „Regelungstatbestände" können die Maßnahmen und Handlungsanweisungen verstanden werden, die eine Unternehmensleitung als Konsequenz für präsentierte Ergebnisse gegenüber nachgeordneten Mitarbeiter- oder Führungsebenen ausspricht.

Zusammenfassung 5

Die **Entwicklung** von **Controlling**-Tätigkeiten in Form der Aufzeichnung ein- und ausgehender Gelder am englischen Königshof lässt sich bis das **15. Jahrhundert** zurückverfolgen. Die erste diesbezügliche Organisation gründete sich 1931 als „Controller's Institute of America" in den USA und benannte sich **1962** um in „**Financial Executives Institute".** Als akademische Disziplin entwickelte sich das Controlling in Deutschland zu Beginn der 80er Jahre und dennoch existiert bis heute keine umfassende und allgemeingültig anerkannte Definition für den Teil der Wirtschaftswissenschaften und die entsprechenden betrieblichen Tätigkeiten existiert, die als Controlling bezeichnet werden. Ungeachtet dieser Tatsache ist die Anzahl der in Controllingabteilungen tätigen Mitarbeiterinnen und Mitarbeiter in den vergangenen 15 Jahren kontinuierlich angestiegen, was deren Relevanz sowie die Akzeptanz ihrer Tätigkeiten in Unternehmen verdeutlicht. Diese Tätigkeiten fokussieren sich primär auf die **Steuerung** von Unternehmen, die **Beeinflussung** von hierin stattfindenden Prozessen und das „**unter Kontrolle halten"** von negativen Aspekten, z. B. von Kostenentwicklungen, die das Gesamtergebnis des Unternehmens negativ beeinflussen könnten.

Als **akademische Disziplin** seit inzwischen **über 30 Jahren** anerkannt, wurden viele literarische Konzeptionen entwickelt, welche die Frage klären sollen, aus welchem Grund überhaupt ein Controlling in Unternehmen existiert und welche Aufgaben ihm primär seitens der Unternehmensleitung zugedacht werden sollen. In diesem Zusammenhang existiert beispielsweise der Koordinationsansatz nach Horváth der besagt, dass die Konzeption des Controllings in der zielorientierten Koordination des Planungs- und Kontroll- sowie des informationsversorgenden Systems besteht, ohne dass hiermit eine Weisungsbefugnis des Controllings einhergeht. Die Koordination des Führungsgesamtsystems, die mit der Übertragung von Weisungsbefugnis auf das Controlling einhergeht ist die Konzeption die seitens

© Springer Fachmedien Wiesbaden GmbH, ein Teil von Springer Nature 2018   41
B. Hubert, *Controlling-Konzeptionen,* essentials,
https://doi.org/10.1007/978-3-658-22897-2_5

Küpper et al. entwickelt wurde. Gemäß Weber und Schäffer besteht die Konzeption des Controllings in der Sicherstellung der Rationalität von Entscheidungen der Unternehmensleitung und Reichmann verfolgt eine kennzahlen- und berichtswesenbasierte Konzeption des Controllings.

Im Rahmen der Anwendung aller Konzeptionen auf Beispiele aus der betrieblichen Praxis lässt sich feststellen, dass die im Rahmen dieses Werkes beispielhaft geprüften, o. g. Konzeptionen **durchweg** zutreffend und auch **praxistauglich** zu sein scheinen, da alle dem „Wohl" des Unternehmens dienen, das sich

- in der langfristigen Sicherung des Fortbestands und
- der Liquiditätssicherung

darstellt und sie sich auf Geschäftsprozesse transferieren lassen. Ein **ideales Konzept** scheint sich jedoch erst als **Extrakt** aus **allen** verfügbaren **Konzeptionen** generieren zu lassen und sollte **individualisiert** für das jeweilige Unternehmen konzipiert werden.

- In organisatorischer Hinsicht lässt sich das Controlling in Unternehmen ohne Beteiligungen als Stabsstelle zur Geschäftsführung/Unternehmensleitung oder als
- Linienstelle innerhalb der funktionsablauforientierten Organisationsstruktur

implementieren.

In klein und mittelständischen Unternehmen besteht darüber hinaus die Möglichkeit, einen bzw. wenige Controllerinnen und/oder Controller in die Abteilung des externen und internen Rechnungswesen zu implementieren und ihn/sie hierarchisch dem Leiter des Finanz- und Rechnungswesens zuzuordnen. Gemäß Horváth übernimmt das Controlling die Funktion eines „Sparringspartners" der Unternehmensleitung und sollte dieser hierarchisch so nah und frei von externen Einflüssen wie möglich zugeordnet werden.

Innerhalb eines Konzerns entsteht zwischen den Controllingebenen ggf. eine zusätzliche Hierarchie, wenn Betriebsstättencontroller dem Konzerncontrolling zuarbeiten und letzteres den erstgenannten Abteilungen hierarchisch übergeordnet ist.

Innerhalb der Vorstandsebene z. B. kapitalmarktorientierter Konzerne stellt sich einmal die Frage, ob die Abteilung der Leitung des Rechnungswesens untergeordnet oder als eigenständig und eigenverantwortlich agierende Institution auf gleicher Ebene angesiedelt werden soll.

In der heutigen Zeit sind die für die Erstellung von Berichten erforderlichen Datenbasen des Controllings, sie zu einem großen Teil auf Informationen des externen Rechnungswesens basieren, EDV-gestützt bereitgestellt. Viele Unternehmen verwenden zur virtuellen Abbildung ihrer Geschäftsprozesse sog. „Enterprise-Ressource-Plannings" (ERP), die im Deutschen als Warenwirtschaftssysteme bezeichnet werden. Diese Softwares sind häufig modular aufgebaut, werden auf zentral zugängigen Servern bereitgestellt, auf deren Speichermedien alle organisatorischen Ebenen von Unternehmen ihre Daten eingeben und sichern. Das Controlling greift auf die auf diese Weise gepflegten Daten zu und verwendet diese zur Erstellung von Reportings (Berichtswesen) und Kennzahlen. Neben der handwerklichen Erstellung von Berichten liegt der Sinn und Zweck der Controllingtätigkeiten in der Interpretation der erstellten Ergebnisse und der Korrelation von Teil-Geschäftsprozessen miteinander, um auf diese Weise Sollabweichungen zu ermitteln und hieraus Handlungsanweisungen abzuleiten. Diese Prozesse ähneln den natur- und ingenieurwissenschaftlichen Vorgängen des Messens und des Regelns, die auch in den Sozial- und Geisteswissenschaften existieren und sich im Controlling manifestieren.

Was Sie aus diesem *essential* mitnehmen können

- Konzeption und Philosophie des Controlling in Anlehnung an wissenschaftliche Literaturquellen
- Aufgaben und organisatorische Einbindung von entsprechenden Instanzen/ Abteilungen in Unternehmen
- Bedeutung des IT-gestützten Reportings für die Entscheidungsvorbereitung betrieblicher Prozesse

© Springer Fachmedien Wiesbaden GmbH, ein Teil von Springer Nature 2018   45
B. Hubert, *Controlling-Konzeptionen*, essentials,
https://doi.org/10.1007/978-3-658-22897-2

Literatur

Gehrig, M., Breu, M.: Controlling hilft strategische Denkfehler zu vermeiden. Controlling und Management Review **3**, 47 (2017)

Graumann, M.: Controlling, Begriff, Elemente, Methoden und Schnittstellen, 4. Aufl. NWB Verlag, Herne (2014)

Horváth, P.: Controlling, 6. Aufl., S. 20. Vahlen, München (1996)

Horváth, P.: Controlling, 12. Aufl., S. 131. Vahlen, München (2011)

Horváth, P.: Controlling, 13. Aufl., S. 46–60. Vahlen, München (2015)

Hubert, B.: Einführung in die Bilanzierung und Bewertung, 2. Aufl. Springer, Wiesbaden (2017)

Küpper et al.: Controlling Konzeption, Aufgaben, Instrumente, 6. Aufl., S. 13, 32–33. Schäffer Poeschel, Stuttgart (2013)

Meierbeck, R.: Strategisches Management der Beschaffung, S. 56. Eul, Köln (2010)

Olfert, K.: Kompakt Training Einführung in die Betriebswirtschaftslehre. Kiehl, Ludwigshafen (2005)

Olfert, K.: Personalwirtschaft, 16. Aufl., S. 250, Kiehl, Herne (2015)

Ossadnik, W.: Controlling, 4. Aufl., S. 11. Oldenbourg, München (2009)

Reichmann, T.: Controlling mit Kennzahlen, 8. Aufl., S. 197 ff. Vahlen, München (2011)

Statistisches Bundesamt: Klassifikation der Berufsgruppen 1992 (KldB 92)

Statistisches Bundesamt: Berufsdaten der Bevölkerung, Wiesbaden (2014)

Statistisches Bundesamt: Erwerbstätige nach Berufsgruppen, Wiesbaden (2012–2016)

Weber, J., Schäffer, U.: Einführung in das Controlling, 15. Aufl., S. 3–26. Schäffer Poeschl, Stuttgart (2016)

Wedell, H., Dilling, A.: Grundlagen des Rechnungswesens, 14. Aufl. NWB Verlag, Herne (2014)

Weißenberger, B.E.: Controlling als Teilgebiet der Betriebswirtschaftslehre – konzeptionelle Einordnung und Konsequenzen für Forschung und Lehre. In: Weber, J., Hirsch, B. (Hrsg.) Controlling als akademische Disziplin, S. 389. Gabler, Wiesbaden (2002)

Ziegenbein, K.: Kompakt Training Controlling. Kiehl, Ludwigshafen (2011)

Ziegenbein, K.: Controlling, 10. Aufl., S. 32–35. Kiehl, Herne (2012)

© Springer Fachmedien Wiesbaden GmbH, ein Teil von Springer Nature 2018
B. Hubert, *Controlling-Konzeptionen*, essentials,
https://doi.org/10.1007/978-3-658-22897-2